广州城市职业学院 2022 年重大招标课题"广州城市职
进策略研究"项目资助

职业教育数字化转型策略与实践

刘力铭　著

现代教育出版社
Modern Education Press

图书在版编目（CIP）数据

职业教育数字化转型策略与实践 / 刘力铭著 .
北京：现代教育出版社，2024.12. -- ISBN 978-7
-5106-9666-4

Ⅰ. G719.2

中国国家版本馆 CIP 数据核字第 20240XA135 号

职业教育数字化转型策略与实践

著　　者	刘力铭
出版发行	现代教育出版社
地　　址	北京市东城区鼓楼外大街26号荣宝大厦三层
邮政编码	100120
电　　话	010-64257032（编辑部）　010-64256130（发行部）

责任编辑	边琳琳　魏艳平
封面设计	贝壳学术
印　　刷	华睿林（天津）印刷有限公司
开　　本	710 mm × 1000 mm　　1/16
印　　张	16
字　　数	235千字
版　　次	2024年12月第1版
印　　次	2024年12月第1次印刷

书　　号	ISBN　978-7-5106-9666-4
定　　价	89.00元

版权所有　翻印必究

前　言

在信息技术日新月异的今天，数字化已成为推动各行各业转型升级的重要力量。职业教育，作为连接教育与产业、培养高技能人才的关键环节，其数字化转型显得尤为重要和迫切。本书旨在深入探讨职业教育数字化转型的背景、意义、策略与方法，为职业教育提供一套全面、系统的数字化转型指南。

随着大数据、云计算、人工智能、物联网等先进技术的迅猛发展，教育领域正经历着前所未有的变革。这些技术不仅为职业教育带来了全新的教学手段和管理模式，更为提升教学质量、优化资源配置、推动产教融合提供了可能。然而，职业教育数字化转型并非一蹴而就，它涉及技术、业务、组织等多个层面的深刻变革，需要职业院校在策略规划、技术应用、管理模式等方面进行全面的创新。

本书首先概述了职业教育数字化转型的定义、背景与核心要素，阐述了数字化转型对职业教育的重要意义。随后，详细探讨了职业教育数字化转型的关键策略与方法，包括数字化基础设施的建设、数字化资源的开发与整合、数字化师资队伍的培养、教学模式的创新等。同时，通过具体案例和实践经验分享，展示了这些策略与方法在实际应用中的成效与遇到的挑战。

此外，本书还关注了职业教育数字化转型中的新技术应用与实践，如人工智能、大数据、物联网、云计算等在职业教育中的应用场景、关键技术及未来展望。这些新技术的引入，不仅为职业教育转型带来了更多的可能性，也对职业院校的技术应用能力和创新能力提出了更高的要求。

在职业教育数字化转型的过程中，我们还需要关注其面临的挑战与应对策略。本书分析了当前职业教育数字化转型面临的主要问题，如资金投入不足、技术更新迅速、数据安全与隐私保护等，并提出了相应的解决方案和建议。

最后，本书对职业教育数字化转型的未来进行了展望。随着技术的不断发展和应用的深入推广，职业教育数字化转型的前景将更加广阔。我们期待职业教育在未来能够充分利用数字化技术的优势，推动教学模式的创新与升级，提升教学质量和效率，为经济社会发展培养更多高素质的技能型人才。

本书适合职业院校的管理者、教师、技术人员，以及关注职业教育数字化转型的各界人士阅读参考。希望通过探讨和交流，本书能够为推动职业教育数字化转型贡献一份力量。

由于作者水平有限，书中难免有不当和疏漏之处，希望专家、同行及广大读者批评指正。

刘力铭

2024年11月

目录
CONTENTS

第一篇　职业教育数字化转型策略与方法　/ 1

第一章　职业教育数字化转型概述　/ 2
第一节　数字化转型的定义与背景　/ 2
第二节　职业教育数字化转型的必要性　/ 8
第三节　国内外职业教育数字化转型的现状与趋势　/ 12

第二章　职业教育数字化转型的关键要素　/ 19
第一节　数字化基础设施的建设　/ 19
第二节　数字化资源的开发与整合　/ 26
第三节　数字化师资队伍的培养　/ 34

第三章　职业教育教学模式的数字化转型　/ 42
第一节　混合教学模式的探索与实践　/ 42
第二节　个性化学习的实现路径　/ 51
第三节　虚拟仿真实训系统的应用　/ 60

第四章　职业教育管理与服务的数字化转型　/ 66

第一节　数字化管理系统的构建　/ 66

第二节　智慧校园的建设　/ 75

第三节　数字化教学评价体系的建立　/ 79

第五章　职业教育数字化转型面临的挑战与对策　/ 88

第一节　面临的挑战　/ 88

第二节　应对策略　/ 98

第六章　职业教育数字化转型的未来展望　/ 109

第一节　技术发展的趋势与影响　/ 109

第二节　职业教育生态系统的重构　/ 117

第三节　数字化转型在职业教育中的地位及其影响　/ 124

第二篇　职业教育数字化转型中的新技术应用与实践　/ 127

第七章　人工智能技术在数字化转型中的应用与实践　/ 128

第一节　人工智能技术与职业教育　/ 128

第二节　人工智能技术在数字化转型中的应用场景　/ 130

第三节　人工智能在数字化转型中的关键技术　/ 133

第八章　大数据技术在数字化转型中的应用与实践　/ 144

第一节　大数据技术与职业教育　/ 144

第二节　大数据技术在数字化转型中的应用场景　/ 148

第三节　大数据在数字化转型中的关键技术　/ 158

第九章　物联网技术在数字化转型中的应用与实践　/ 178

　　第一节　物联网技术与职业教育　/ 178

　　第二节　物联网技术在数字化转型中的应用场景　/ 185

　　第三节　物联网在数字化转型中的关键技术　/ 195

第十章　云计算技术在数字化转型中的应用与实践　/ 212

　　第一节　云计算与职业教育　/ 212

　　第二节　云计算技术在数字化转型中的应用场景　/ 219

　　第三节　云计算在数字化转型中的关键技术　/ 231

参考文献　/ 248

第一篇
职业教育数字化转型策略与方法

第一章 职业教育数字化转型概述

第一节 数字化转型的定义与背景

一、数字化转型的概念

数字化转型是一个综合性的概念，它涉及利用数字技术来推动组织、业务、流程、产品或服务的根本性变革。这一转型不仅仅是技术层面的更新，更是思维方式、运营模式以及价值创造方式的全面革新。

数字化转型的核心在于利用大数据、云计算、人工智能、物联网等先进技术，对传统的业务模式、运营流程、产品形态以及服务方式进行深度重构和优化。在这一过程中，数据成为驱动决策和创新的关键要素，而技术则成为实现高效、智能、个性化服务和体验的重要工具。

对于职业教育而言，数字化转型意味着要打破传统的教学模式和框架，引入数字化的教学资源、工具和平台，以更加灵活、便捷、高效的方式提供学习服务。这包括开发在线课程、建立虚拟仿真实训环境、利用智能教学系统进行个性化辅导等，旨在提升教学质量和效率，满足学习者的多元化需求，并培养出适应数字经济时代的高素质技能人才。

数字化转型是一个涉及技术、业务、组织等多个层面的深刻变革过程，它要求组织以数据为核心，以技术为驱动，不断地创新和优化，以实现更高效、更智能、更可持续的发展。在职业教育领域，数字化转型更是提升教学质量、推动产教融合、增强竞争力的重要途径。

数字化转型不仅仅是关于技术的应用，更是关于如何利用这些技术来创造新的价值，提升组织的竞争力和创新能力。在实际应用中，数字化转型已经对各行各业产生了深远的影响。以零售业为例，数字化转型使得传统的实体店铺能够通过线上平台拓展销售渠道，实现线上线下融合的全渠道营销。通过利用大数据和人工智能技术，零售企业能够更精准地了解消费者的需求，优化产品组合和库存管理，提升客户体验感和忠诚度。在制造业中，数字化转型推动了智能制造和工业 4.0 的发展。通过物联网和大数据技术，制造企业能够实现生产过程的智能化和自动化，提高生产效率和质量，降低运营成本。

对于职业教育而言，数字化转型同样具有深远的意义。传统的职业教育模式往往依赖于面对面的课堂教学和实践操作，但这种模式在时间和空间上存在着很大的限制。数字化转型打破了这些限制，使得职业教育能够更加灵活、便捷、高效地提供学习服务。

以某职业院校为例，该校积极推进数字化转型，引入了一系列数字化的教学资源、工具和平台。他们开发了在线课程，使得学生能够随时随地通过网络进行学习。同时，他们还建立了虚拟仿真实训环境，通过模拟真实的工作场景和设备，让学生能够在虚拟环境中进行实践操作和技能训练。这种虚拟仿真实训不仅提高了学生的实践能力和技能水平，还降低了实训的成本和风险。

除了在线课程和虚拟仿真实训，该校还利用智能教学系统进行个性化辅导。智能教学系统能够根据学生的学习数据和能力水平，提供个性化的学习资源和路径规划，这使得每个学生都能够得到适合自己的学习指导和支持，从而提高了学习效果和学习满意度。

通过数字化转型，该职业院校不仅提升了教学质量和效率，还满足了学习者的多元化需求。他们提供了更加灵活和个性化的学习方式，使得学生能够根据自己的时间和节奏进行学习。同时，他们还与产业界进行了紧密的合作，根据市场需求和行业趋势不断地调整和优化教学内容和实训项目，使得培养出来的人才更加符合市场需求。

数字化转型还为职业教育带来了更多的机遇和挑战。随着数字经济的快速发展，新兴职业和岗位不断涌现，对职业教育提出了更高的要求。数字化转型使得职业教育能够更加及时地响应市场需求和行业变化，调整教学内容和实训项目，培养出更多符合市场需求的高素质技能人才。然而，数字化转型也面临着一些挑战，如数据安全、隐私保护、技术更新等问题需要得到妥善的解决。

为了应对这些挑战并充分利用数字化转型带来的机遇，职业教育需要不断地创新和完善。首先，职业院校需要加强与产业界的联系和合作，了解市场需求和行业趋势，共同制定教学内容和实训项目。其次，职业院校需要不断地引进和应用新的数字技术和教学工具，提升教学的质量和效率。同时，还需要注重培养学生的数字素养和创新能力，使他们能够适应数字经济时代的发展需求。

除了职业院校自身的努力，政府和社会各界也需要给予支持和关注。政府可以出台相关政策和提供资金支持职业教育数字化转型的发展，推动产教融合和校企合作的深入进行。社会各界可以积极参与和支持职业教育的数字化转型，为培养高素质技能人才做出贡献。

数字化转型是一个涉及技术、业务、组织等多个层面的深刻变革过程。它要求组织以数据为核心、以技术为驱动，进行不断创新和优化，以实现更高效、更智能、更可持续的发展。在职业教育领域进行数字化转型更是提升教学质量、推动产教融合、增强竞争力的重要途径。通过数字化转型，职业教育能够更好地适应数字经济时代的发展需求，培养出更多符合市场需求的高素质技能人才。同时，我们也需要认识到数字化转型带来的挑战和风险，并采取相应的措施进行应对和管理，以确保数字化转型的顺利进行并取得预期的效果。

二、职业教育面临的数字化挑战与机遇

（一）面临的挑战

1. 教师数字素养不足

高职教师普遍面临数字化意识不够、数字技术知识和技能缺乏的问题。部分教师虽然理解数字技术的价值，但缺乏主动接受新技术的意愿，认为数字技术过于复杂难以掌握，甚至担心数字技术带来的"个体化风险"会对自我角色产生威胁。这导致教师在实际教学中难以有效利用数字技术，影响了教学质量和效果。

例如，某职业技术学院的机械工程系教师在尝试引入虚拟现实（VR）技术进行教学时，发现自身对 VR 技术的操作和应用不熟悉，无法有效指导学生进行 VR 实训。尽管学校提供了 VR 设备和相关培训，但由于教师日常教学任务繁重，难以抽出足够的时间进行深入学习，导致 VR 教学资源的利用率不高，教学效果未达到预期。

民办高职院校的教师数字素养的专业发展尤为薄弱，受限于组织支持力度不足、师资队伍不稳定等因素，难以跟上数字技术的发展步伐。

2. 数字化基础设施不完善

部分职业院校在数字化基础设施建设方面投入不足，导致数字化教学设备短缺、网络覆盖不全等问题。这限制了数字化教学的推广和应用，影响了学生的学习体验和学习效果。

例如，一家位于偏远地区的职业高中，由于资金有限，校园网络覆盖不全，且网络速度较慢，学生在进行在线学习或访问数字化教学资源时，经常遇到网络延迟、卡顿甚至中断的情况，严重影响了学习体验和学习效果。此外，学校缺乏足够的计算机和多媒体设备，无法满足所有学生的数字化学习需求。

3. 数字化教学资源匮乏

近年来，我国职业教育数字化教学资源建设虽然取得了一定的成果，但仍存在资源分布不均、质量参差不齐等问题。部分职业院校缺乏高质量的数字化

教学资源，难以满足学生的学习需求。

例如，某护理专业的职业院校在推进数字化教学过程中，发现市场上针对护理专业的数字化教学资源相对较少，且质量参差不齐。学校虽然尝试自建教学资源库，但由于缺乏专业团队和技术支持，进展缓慢且效果有限，学生在学习过程中难以获取到高质量、符合专业需求的数字化教学资源。

4. 数据安全与隐私保护问题

随着数字化应用的普及，数据安全和隐私保护成为重要议题。职业院校在推进数字化过程中需要妥善处理数据安全和隐私保护问题，以防止数据泄露和滥用。

例如，一家职业技术学院在推广使用在线学习平台时，由于平台的安全防护措施不够完善，部分学生的个人信息被泄露。这引起了学生和家长的强烈不满，也对学校的声誉造成了负面影响。学校随后加强了与平台方的沟通合作，共同完善了数据安全防护机制，但这一事件仍提醒职业院校在推进数字化过程中必须高度重视数据安全与隐私保护的问题。

（二）面临的机遇

1. 政策扶持与资金支持

国家高度重视职业教育数字化发展，出台了一系列政策文件支持职业教育数字化建设。这为职业院校提供了良好的政策环境和资金支持，有助于加快数字化建设步伐。

2. 技术赋能与创新驱动

数字化技术为职业教育提供了强大的技术支持和创新动力。大数据、云计算、人工智能等先进技术的运用，可以实现教学资源的优化配置、教学模式的创新和教学方法的多样化，提高教学效果和学习体验。

3. 市场需求与人才短缺

随着数字经济的快速发展，市场对数字化技能人才的需求日益旺盛。职业教育作为培养技能人才的重要阵地，可以通过数字化手段培养更多符合市场需求的高素质技能人才，为经济社会发展提供有力支撑。

4. 国际交流与合作

数字化为职业教育国际交流与合作提供了新机遇。通过参与国际职业教育合作项目、举办国际职业教育论坛等方式，我们可以学习借鉴国际先进经验和技术成果，推动我国职业教育数字化水平的不断提升。

（三）应对策略

针对职业教育面临的数字化挑战与机遇，可以采取以下策略：

1. 加强教师培训与提升

开展教师信息化素养提升活动，提高教师的数字化意识和技能水平。通过组织培训、交流研讨等方式，帮助教师掌握先进的教学理念和方法，提高数字化教学能力。

2. 完善数字化基础设施

加大投入力度，完善职业院校数字化基础设施建设。包括建设高速网络、智能教室、数字化实验室等，为数字化教学提供有力的保障。

3. 丰富数字化教学资源

加强数字化教学资源的建设和管理，丰富教学资源的种类和数量。通过引进优质教学资源、自建特色教学资源等方式，满足学生的学习需求。

4. 强化数据安全与隐私保护

建立完善的数据安全管理制度和隐私保护机制，确保数字化教学过程中的数据安全和隐私保护。加强对学生个人信息的保护和管理，防止数据泄露和滥用。

5. 推动产教融合与校企合作

加强与企业的合作与交流，推动产教融合和校企合作。通过共建实训基地、联合培养人才等方式，实现教学与产业的深度融合，提高人才培养质量和社会认可度。

第二节　职业教育数字化转型的必要性

一、对传统职业教育模式的反思

（一）教学内容与方法

1. 重理论轻实践

传统职业教育模式往往过于注重理论知识的传授，而忽视了实践操作的重要性。在这种模式下，学生虽然能够掌握一定的理论知识，但缺乏实际操作和解决实际问题的能力。应当加强实践教学环节，引入更多的案例教学和实践操作，使学生能够在实践中深化对理论知识的理解，并提升其技能水平。

2. 教学方法单一

传统职业教育通常采用"填鸭式"的教学模式，教师在课堂上讲得过多过细，而学生则处于被动接受知识的状态。这种单向传授的教学方式无法激发学生的学习兴趣和动力，容易导致学生的学习效果不佳。教师应当采用更加活跃的教学方法，如讨论、小组合作等，让学生有机会参与到教学过程中来，发挥自身的主动性和创造性。同时，利用现代信息技术手段，如多媒体教学、在线学习等，丰富教学手段和教学资源。

（二）学生个体差异与需求

1. 忽视个体差异

传统职业教育模式往往采用统一的教学课程和进度表，忽视了学生之间的个体差异和学习需求的不同。这会导致部分学生因为跟不上教学进度而产生厌倦学习和学习动力不足的问题。教师应当关注学生的个体差异和学习需求，采用个性化教学策略，为不同水平的学生提供适合他们的学习资源和支持。同时，建立多元评价体系，全面反映学生的能力和潜力。

2. 缺乏兴趣引导

传统职业教育模式往往没有充分关注学生的兴趣和潜力，导致学生缺乏学习动力和创新精神。教师应当注重培养学生的兴趣爱好和特长，通过兴趣引导的方式激发学生的学习动力和创新精神。同时，加强职业指导和规划教育，帮助学生明确自己的职业方向和发展目标。

（三）与行业需求的脱节

1. 教学内容滞后

传统职业教育模式的教学内容往往滞后于行业发展的实际需求，导致学生毕业后难以适应市场需求。学校应当加强与行业企业的合作与交流，及时了解行业发展的最新动态和需求变化，并据此更新和调整教学内容和课程设置。同时，加强实践教学环节与企业的合作，使学生能够在真实的工作环境中锻炼自己的技能。

2. 缺乏创新能力培养

传统职业教育模式往往注重知识的传授和记忆，而忽视了学生创新能力的培养，这会导致学生缺乏创新思维和解决问题的能力。教师应当加强对学生创新能力的培养和训练，通过引入创新教育的理念和方法、开展创新实践活动等方式，激发学生的创造力和创新精神。同时，加强对学生问题解决能力的培养和训练，使学生能够在实践中不断地发现问题、分析问题和解决问题。

二、数字化转型对提升职业教育质量的作用

面对新一轮职业教育发展机遇，数字化转型在其中发挥了非常重要的作用。具体表现在以下四个方面。

（一）推动教学方法与内容的创新

1. 教学方法革新

数字化技术如虚拟现实（VR）、增强现实（AR）等的应用，使得职业教育的教学方法更加多样化、生动化。这些技术能够模拟真实的工作环境，让学生在虚拟空间中进行实践操作，从而提高教师的教学效率和学生的实践能力。

数字化平台如在线学习系统、慕课（MOOC）等，也使得职业教育不再受地域和时间的限制，学生可以随时随地进行学习，满足个性化学习需求。

2. 教学内容更新

数字化技术能够迅速捕捉行业动态和市场需求变化，职业院校可以据此及时调整教学内容，确保学生所学知识与市场需求保持同步。

数字化资源如立体化教材、短视频和游戏化课件等，也使得教学内容更加直观、易懂，可激发学生的学习兴趣和积极性。

（二）促进教育资源的优化配置

1. 资源共享

数字化技术打破了教育资源的地域限制，使得优质教育资源能够在更大范围内共享。职业院校可以通过数字化平台获取国内外优质教育资源，提升自身的教学水平。

如虚拟仿真实训课程的共享，使得学生能够在不离开学校的情况下接触到先进的实训设备和技术，不但降低了实训成本，而且提高了实训效果。

2. 资源调度优化

数字化技术如大数据、人工智能等的应用，使得职业院校能够更精准地预测和分析学生的学习需求和市场变化，从而优化教育资源的调度和使用效率。

通过建立数字化资源库和智能推荐系统，职业院校可以为学生提供个性化的学习资源和路径规划，以满足不同层次、不同需求的学生。

（三）提升教育治理水平

1. 数据驱动决策

数字化技术使得职业院校能够收集和分析大量的教学和管理数据，为科学决策提供依据。通过数据分析，职业院校可以及时地发现和解决教学中的问题，优化教学管理流程。

数字化技术还可以帮助职业院校进行学生行为分析、学习成效评估等，为个性化教学提供数据支持。

2. 治理体系现代化

数字化转型有助于推动职业教育治理体系的现代化。通过建立数字化管理平台和数据采集平台，职业院校可以实现部级、省级、市级、县级、校级五级数据直连、信息直达，消除信息孤岛，提高治理效率。

数字化技术还可以促进职业教育与其他领域（如产业、社会等）的深度融合，形成多元共治的格局，从而推动职业教育的高质量发展。

（四）增强职业教育的适应性和竞争力

1. 适应市场需求变化

数字化转型使得职业教育能够更快速地响应市场需求变化。通过数据分析和预测，职业院校可以及时调整专业设置和教学内容，确保所培养的人才符合市场需求。

数字化技术还可以帮助职业院校与产业界建立紧密的联系，共同开展技术研发和人才培养，以提高职业教育的针对性和实效性。

2. 提升人才培养质量

数字化技术如人工智能、大数据等的应用，使得职业院校能够更精准地评估学生的学习成效和能力水平，为学生提供个性化的学习指导和支持。

通过数字化教学和实践训练，学生的实践能力和创新能力得到显著提升，从而增强其在就业市场上的竞争力。

数字化转型对提升职业教育质量具有多方面的显著作用。通过实施推动教学方法与内容的创新、促进教育资源的优化配置、提升教育治理水平，以及增强职业教育的适应性和竞争力等措施，职业教育可以实现高质量发展。

第三节　国内外职业教育数字化转型的现状与趋势

一、国际上的成功案例与经验

（一）日本新潟市的教育数字化转型

1. 每位学生配备平板电脑

新潟市通过为每位学生配备平板电脑，显著提升了课堂的互动性和学习资源的可接触性。这种措施不仅方便学生获取信息，更重要的是，平板电脑上共同编辑工具（如"无边记"）的应用，使学生能实时参与课堂内容的创造，增强了学生的参与感并提升了学习效果。

2. 教学方法的革新

数字技术的融入极大地影响了教师的教学方法。教师可以更有效地进行课程准备和个性化教学，这在传统教育模式中往往受到限制。此外，减少物理文档的使用和优化课堂管理，使教师能更专注于教学而非行政或管理任务。

3. 校园 Wi-Fi 网络的全面部署

新潟市通过优化校园内的 Wi-Fi 网络，确保了无缝的数字教学环境。这种基础设施的投入是推行数字化教育成功的关键因素之一，它支撑了从课堂学习到家庭作业的连贯性，确保了教育技术的高效利用。

4. 教育应用的集中管理

新潟市教育委员会创建并维护了一个涵盖 200 种学习应用的列表，并公开提供给教师和学习者使用。这种集中管理优质教育应用程序的策略不仅优化了资源利用效率，还简化了教师和学生寻找及使用教学软件的过程。

5. 教师培训和专业发展

新潟市通过定期的技术培训和开放教学创新的平台，不断地提升教师的数字技能和教学方法。这种持续的专业发展支持能帮助教师更好地适应教育技术的变化，同时也激励他们在教学实践中采取创新的方法。

6. 家庭与学校的联动

学校允许学生将平板电脑带回家，就是将教育活动扩展到家庭环境中，这创建了一个全面的教育生态系统。这种做法提高了家庭对教育技术的接受度和参与度，是推广新教育技术的一个重要方面。

以上案例展示了新潟市在教育数字化转型方面的具体实践和成功经验，为其他学区和教育机构提供了宝贵的参考。

（二）美国芝加哥大学的学习技术小组（LTG）

美国芝加哥大学成立了学习技术小组，包括来自整个大学的使用数字教学工具和数字教学法的员工，分享有关资源和服务的最新信息，促进跨部门、跨学科协同配合。即成立实践社区，加强沟通与合作，打破信息孤岛，有效传播教育技术创新成果。

（三）加拿大约克大学与数字媒体机构 Sandbox Inc. 的合作

关于加拿大约克大学与数字媒体机构 Sandbox Inc. 的合作细节，可以归纳为以下五点：

（1）合作目标：双方合作创建了一系列关于创新学术概念的交互式、媒体丰富的学习模块。这些模块旨在探索新兴趋势技术以增强学习体验，并为高等教育专业人士提供自定进度、完全异步的模块化学习体验。

（2）模块内容与开发：目前已开发了能力评估和微型认证两个模块，其余四个模块尚待最终确定。这些模块设计灵活且个性化，既可供个别教师使用，也可集成到现有的专业发展计划中。模块的开发体现了三个指导原则：教育与行业积极的伙伴关系、持续的反馈循环和以学习者为中心的设计。

（3）教育影响：这些模块旨在帮助教师探索新兴教学法的优势，并从同行学者那里获得如何在工作中实施学术创新的第一手建议。它们有助于教育工作者在日益数字化的现实中采用以人为本的教育方法。

（4）行业伙伴关系：教育机构和行业的伙伴关系对于使技术扎根于良好

的教学法并应对教育工作者、雇主和学生不断变化的需求至关重要。这种伙伴关系确保了学习内容的前沿性和实用性。

（5）跨学科合作：约克大学的数字媒体专业由计算艺术（艺术、媒体、表演和设计学院）和电子工程与计算机科学（拉森德工程学院）联合开设，这种跨学科合作模式也为与 Sandbox Inc. 的合作打下了坚实的基础并提供了丰富的资源。

加拿大约克大学与数字媒体机构 Sandbox Inc. 的合作是一个集教育创新、技术探索与跨学科合作于一体的项目，旨在通过新兴技术提升高等教育的质量和效率。即通过校企合作，推动教育内容与技术的深度融合，创造自定进度、完全异步的模块化学习体验。

（四）美国明尼苏达州立大学的开放教育资源（OER）项目

明尼苏达州立大学成立了开放教育资源教师发展计划项目，支持教师在课程中采用低成本、高价值的开放教育资源。该项目旨在通过推广低成本、高价值的开放教育资源，减轻学生和学校的经济负担，以应对美国教科书价格昂贵的问题。该项目的挑战之一是说服教师在课程中采用开放教育资源，并为此提供必要的支持和培训。

该项目由 IT 解决方案部门与图书馆服务部门共同支持，形成一个跨校园的开放教育资源教师发展计划。项目由对开放教育资源感兴趣的教师群体组成，他们参与学习课程和咨询，与教学设计师合作选择和实施开放教育资源。

该项目为明尼苏达州立大学和四所大学校园（明尼苏达州立大学曼卡托分校、圣克劳德州立大学、西南明尼苏达州立大学、大都会州立大学）提供资助提案。

该项目巩固了明尼苏达州立大学 IT 解决方案和图书馆服务之间的合作伙伴关系，成立了图书馆教科书负担能力小组，并制订了有关学校教科书负担能力的战略计划。

同时，该项目与大学书店和学生会深入合作，共同推动开放教育资源在校园内的应用。

该开放教育资源项目的推广，有效地降低了学生的学习成本，提升了教育的可达性和公平性，促进了教育资源的开放共享，为教师和学生提供了更加丰富多样的学习资源选择。该项目的成功实施为其他高校和教育机构提供了宝贵的经验，有助于推动开放教育资源在全球范围内的普及和发展。

这些成功案例与经验表明，职业教育数字化转型需要政府、教育机构、企业和社会各界的共同努力和支持。通过实施战略规划、基础设施建设、教师培训与发展、跨部门协同配合，以及国际交流与合作等措施，职业教育数字化转型可以取得更大的成效。

二、国内职业教育数字化转型的进展与面临的问题

（一）国内职业教育数字化转型的进展

1. 政策支持与战略引领

近年来，国家对职业教育数字化转型给予了高度重视，出台了一系列政策文件加以支持和引导。例如，国家互联网信息办公室会同有关方面编制形成了《国家信息化发展报告（2023年）》，其中明确提出要纵深推进国家教育数字化战略，建设完善国家智慧教育平台，促进优质教育资源普及共享。这一战略引领为职业教育数字化转型提供了明确的方向和目标。

2. 基础设施建设

随着数字化浪潮的推进，职业院校纷纷加强了数字化基础设施建设。这包括建设高速稳定的校园网络、数据中心、智慧教室等，为师生提供了良好的数字化学习环境。例如，许多学校已经实现了无线网络的全覆盖，师生可以随时随地进行在线学习和交流。

3. 教学资源数字化

数字化教学资源的开发和应用是职业教育数字化转型的重要内容。目前，大量的数字化教学资源如在线课程、虚拟仿真实验室、数字教材等，被广泛应用在职业教育中。这些资源不仅丰富了教师的教学手段和内容，还提高了学生的学习兴趣和学习效果。例如，国家智慧教育平台汇聚了海量的优质教育资源，

为广大师生提供了丰富的学习材料和工具。

4. 教学模式与方法创新

数字化技术促进了职业教育教学模式和方法的创新。混合式学习、个性化学习、项目式学习等新型教学模式逐渐兴起，这些模式充分利用了数字化技术的优势，提高了教学的针对性和有效性。例如，通过在线课程平台，学生可以根据自己的兴趣和需求自主选择学习内容和学习进度；通过虚拟仿真实验室，学生可以在虚拟环境中进行实践操作，提高动手能力和解决问题的能力。

5. 教师数字化能力

教师是职业教育数字化转型的关键力量。为了提高教师的数字化教学能力，各级教育部门和职业院校纷纷开展了一系列的培训和实践活动。例如，组织教师参加数字化教学技能培训班，邀请专家开展讲座和进行指导，开展数字化教学案例分享，等等。这些措施有效地提升了教师的数字化素养和教学能力，使他们能够更好地运用数字技术辅助教学。

6. 生态型资源系统构建

为了推动职业教育的数字化转型，许多学校开始构建生态型资源系统。包括整合各类教学资源、建立资源共享机制、搭建开放合作平台等。通过构建生态型资源系统，学校可以实现教学资源的优化配置和高效利用，促进教育公平和质量提升。同时，这也为师生提供了更加丰富的学习资源和便捷的交流渠道。

国内职业教育数字化转型在政策支持与战略引领、基础设施建设、教学资源数字化、教学模式与方法创新、教师数字化能力，以及生态型资源系统构建等方面都取得了显著进展，为职业教育的高质量发展奠定了坚实基础。

（二）国内职业教育数字化转型面临的问题

国内职业教育数字化转型在取得显著进展的同时，也面临着一些亟待解决的问题。

1. 数字鸿沟问题

数字鸿沟是指不同地区、不同院校之间在数字化水平和应用能力上存在的差异。这种差异主要体现在基础设施建设、教学资源获取、师资力量以及学生数字化素养等方面。一些发达地区和优质职业院校已经拥有完善的数字化基础设施和丰富的数字化教学资源，而一些欠发达地区和薄弱职业院校则面临数字化设施落后、数字化教学资源匮乏等问题。这种数字鸿沟不仅影响了教育公平，也制约了职业教育整体质量的提升。

2. 技术应用不足与资源适配性不强

尽管数字化教学资源丰富多样，但在实际应用过程中，仍存在技术应用不足和资源适配性不强的问题。一方面，部分教师和学生对于数字化教学资源的认知和使用能力不足，导致资源闲置和浪费；另一方面，现有数字化教学资源与职业教育实际需求之间存在一定的差距，缺乏创新性和针对性。这主要体现在教学内容与职业岗位需求的脱节、教学资源的更新迭代速度滞后等方面。因此，如何加强技术应用、提高资源适配性是当前职业教育数字化转型需要解决的重要问题。

3. 教师数字化教学能力参差不齐

教师是职业教育数字化转型的关键力量，但当前教师的数字化教学能力参差不齐。一方面，部分教师具备较高的数字化素养和教学能力，能够熟练运用数字化手段开展教学活动；另一方面，也有部分教师对于数字化教学缺乏了解或掌握不深，难以适应职业教育数字化转型的要求。这种差异不仅影响了教学效果，也制约了职业教育数字化转型的深入发展。因此，如何提升教师的数字化教学能力、促进教师专业成长是当前职业教育数字化转型面临的重要挑战。

4. 数据治理与标准规范不完善

随着职业教育数字化转型的深入发展，数据治理与标准规范的问题日益凸显。一方面，职业教育领域在数据采集、存储、处理和分析等方面缺乏统一的标准和规范，导致数据质量参差不齐，难以共享和利用；另一方面，数据安全与隐私保护问题也亟待解决。因此，如何加强数据治理、完善标准规范、保障数据安全与隐私是当前职业教育数字化转型需要解决的重要问题。

5. 技术与教学的融合深度不够

职业教育数字化转型不仅仅是技术层面的更新迭代，更重要的是技术与教学的深度融合。然而，当前职业教育领域在技术与教学融合方面仍存在深度不够的问题。一方面，部分学校虽然引入了先进的数字化技术设备，但在实际教学中却未能充分发挥其作用；另一方面，部分教师虽然具备较高的数字化素养和教学能力，但在将技术与教学融合方面仍存在不足。因此，如何加强技术与教学的深度融合、创新教学模式和方法是当前职业教育数字化转型需要深入探索的重要课题。

国内职业教育数字化转型在取得显著进展的同时，仍面临诸多挑战和问题。为了解决这些问题，并推动职业教育数字化转型的深入发展，我们需要采取一系列有效措施，如加大政策支持力度、完善基础设施建设、加强资源开发与适配性、提升教师数字化教学能力、加强数据治理与标准规范建设以及深化技术与教学融合等。

第二章 职业教育数字化转型的关键要素

第一节 数字化基础设施的建设

一、校园网络、数据中心等硬件设施的完善

（一）校园网络建设情况

1. 网络基础设施的普及与升级

近年来，我国职业院校普遍重视校园网络基础设施建设，致力于构建高速、稳定、安全的校园网络环境。相关统计数据显示，绝大多数职业院校已建成覆盖全校的有线和无线网络，实现了教学区、办公区、宿舍区等区域的网络无缝连接。这些网络基础设施不仅满足了师生日常上网需求，更为在线教学、远程协作、数字图书馆等数字化教学应用提供了有力支撑。

2. 网络带宽与性能的提升

为了满足日益增长的网络应用需求，职业院校不断地提升校园网络带宽与性能。许多学校采用了先进的网络架构和技术方案，如 SDN（软件定义网络）、IPv6（互联网协议第 6 版）等，实现了网络资源的灵活调度和高效利用。同时，通过引入高性能路由器、交换机等网络设备，以及优化网络拓扑结构，职业院校有效地提升了校园网络的传输速度和稳定性，为高清视频、虚拟现实、大数

据分析等高带宽、低延迟的应用场景提供了有力的保障。

3. 网络安全体系的构建

随着网络应用的日益普及，网络安全问题也日益凸显。为了保障校园网络的安全稳定运行，职业院校纷纷构建了完善的网络安全体系，包括部署防火墙、入侵检测系统/主动防御系统（IDS/IPS）、安全审计系统等安全设备，以及制定网络安全管理制度、应急预案等。同时，职业院校通过定期开展网络安全培训、演练等活动，不断地提升师生的网络安全意识和应对能力。

（二）数据中心建设情况

1. 数据中心基础设施的完善

数据中心作为职业院校数字化基础设施的核心部分，其建设情况直接关系到学校信息化水平的高低。近年来，我国职业院校普遍加大了对数据中心基础设施的投入力度，建设了高标准的数据中心机房，配备了高性能的服务器、存储设备等硬件设施。这些设施不仅满足了学校日常教学、科研、管理等工作中的数据存储与处理需求，还为云计算、大数据、人工智能等前沿技术的应用提供了有力支撑。

2. 云计算与虚拟化技术的应用

随着云计算技术的不断发展成熟，越来越多的职业院校开始将云计算与虚拟化技术应用于数据中心建设中。通过引入云计算平台、虚拟化软件等工具，职业院校实现了计算资源、存储资源、网络资源等IT资源的池化管理与动态分配。这不仅提高了IT资源的利用效率与灵活性，还降低了学校的运维成本与管理难度。同时，云计算与虚拟化技术的应用也为职业院校提供了更加便捷、高效的信息服务支持。

3. 大数据平台的建设与应用

在大数据时代背景下，职业院校纷纷构建了大数据平台以支撑学校的数据分析与决策支持工作。这些大数据平台通过整合学校内部各类业务系统的数据资源，利用数据挖掘、机器学习等技术手段对海量数据进行深度分析与挖掘。通过大数据平台的建设与应用，职业院校能够更加精准地掌握师生的教学、学习、生活等行为特征与发展趋势；同时，也能够为学校的招生就业、专业设置、课程改革等提供科学的数据支持与决策依据。

（三）数字化基础硬件设施建设的成效

1. 提升了教学质量与效率

数字化基础硬件设施的建设为职业院校提供了更加便捷、高效的教学环境。通过在线教学、远程协作、虚拟仿真等数字化教学手段的应用与推广，职业院校能够打破时间、空间的限制，实现优质教育资源的共享与利用；同时，也能够激发学生学习的兴趣与积极性，提高教学效果与质量。

2. 促进了教育公平

数字化基础硬件设施的建设使得偏远地区和经济欠发达地区的职业院校，也能够享受到优质的教育资源和服务。这不仅有助于缩小城乡之间、区域之间的教育差距，促进教育公平；同时，也能够为这些地区的学生提供更多的发展机会与可能性。

3. 推动了教育信息化发展

数字化基础硬件设施的建设是我国职业教育信息化的重要组成部分。通过不断加强校园网络、数据中心等数字化基础硬件设施的建设与升级，职业院校能够不断提升自身的信息化水平与能力；同时，也能够为教育信息化的全面发展提供有力支撑。

（四）数字化基础硬件设施建设面临的挑战

1. 资金投入不足

虽然数字化基础硬件设施的建设对于提升职业教育质量具有重要意义，但是资金投入不足仍然是制约其发展的主要因素之一。由于职业院校的经费来源有限，且需要投入大量资金用于教学、科研、管理等多个方面，因此职业院校很难保证对数字化基础硬件设施建设的充足投入。

2. 技术与人才短缺

数字化基础硬件设施的建设涉及多个技术领域，需要专业的技术人员进行规划、设计、实施与维护。然而，目前我国职业院校中既懂教育又懂技术的复合型人才相对匮乏，难以满足数字化基础硬件设施建设与运维的需求。

3. 数据安全与隐私保护问题

随着数字化基础硬件设施的不断普及与应用，数据安全与隐私保护问题也日益凸显。如何保障师生个人信息的安全与隐私，防止数据泄露与滥用是当前职业院校需要面对的重要挑战之一。

（五）未来展望

面对数字化基础硬件设施建设中的成效与挑战，我国职业教育需要采取更加积极有效的措施推动其持续健康发展。具体来说，可以从以下四个方面入手：

1. 加大资金投入力度

政府和社会各界应加大对职业院校数字化基础硬件设施建设的资金投入力度，支持其加强校园网络、数据中心等基础设施建设；同时，鼓励企业和社会力量参与职业教育信息化建设，形成多元化投入机制。

2. 加强技术与人才队伍建设

职业院校应加强与高校、科研机构、企业等的合作与交流，引进先进的信息技术和管理理念，培养既懂教育又懂技术的复合型人才；同时，加强对现有技术人员的培训，提高其专业技能与综合素质。

3. 强化数据安全与隐私保护

职业院校应建立健全的数据安全与隐私保护机制，加强数据加密、访问控制、审计追踪等安全措施，保障师生个人信息的安全与隐私；同时，加强师生的网络安全教育，提高其防范意识与能力。

4. 推动教育教学模式创新

职业院校应充分利用数字化基础硬件设施的优势，推动教育教学模式的创新与变革。例如，可以探索线上线下混合式教学、项目式学习、协作式学习等新型教学模式，激发学生的学习兴趣与积极性，提高教学效果与质量；同时，可以利用大数据、人工智能等技术手段对学生的学习过程与结果进行精准分析与评估，为个性化教学提供有力支撑。

总之，数字化基础硬件设施的建设是我国职业教育现代化的重要标志之一。通过不断地加强校园网络、数据中心等数字化基础硬件设施的建设与升级，职业院校能够不断地提升自身的信息化水平与能力；同时，也能够为培养更多高素质技术技能人才、服务经济社会发展做出更大的贡献。

二、数字化教学平台、在线课程等软件的应用

在我国职业教育领域，数字化教学平台与在线课程的应用正逐步成为提升教学质量、促进教育公平的重要手段。以下将从平台类型、功能特点、应用现状、成效与挑战以及未来展望等多个方面，具体描述我国职业教育数字化教学平台与在线课程的应用情况。

（一）数字化教学平台类型

我国职业教育数字化教学平台种类繁多，主要包括国家职业教育智慧教育平台、地方或院校自建平台以及第三方商业平台等。这些平台各有特色，共同构成了职业教育数字化教学的生态系统。

1. 国家职业教育智慧教育平台

由国家主导建设，旨在整合优质教育资源，为职业院校师生提供全方位的教学服务。该平台功能全面，涵盖了在线课程、虚拟仿真实训、教学资源共享等多个方面，是职业教育数字化教学的重要支撑。

2. 地方或院校自建平台

根据地方或院校的实际需求，自建的教学平台更加贴近本地特色与教学实际。这些平台往往与学校的教务管理系统、学生信息系统等深度融合，实现了教学流程的数字化管理。

3. 第三方商业平台

第三方商业平台依托强大的技术实力与丰富的课程资源，为职业院校师生提供了灵活多样的学习选择。同时，它们也通过与企业合作，将最新的技术成果与市场需求引入教学之中。

（二）数字化教学平台的功能

数字化教学平台在功能上具有以下四个显著特点：

1. 资源丰富多样

平台汇聚了来自全国各地的优质教育资源，涵盖了各个学科领域与技能方向，满足了不同学习者的需求。

2. 交互性强

通过论坛、问答、直播等多种交互方式，师生之间、生生之间可以实现即时沟通与交流，增强了学习的互动性与趣味性。

3. 个性化学习

利用大数据与人工智能技术，平台可以根据学习者的学习习惯与进度提供个性化的学习推荐与路径规划，提高学习效率与效果。

4. 管理便捷高效

平台集成了教务管理、学生信息管理、课程评价等多个功能模块，实现了教学流程的数字化管理，减轻了教师与管理者的负担。

（三）数字化教学平台与在线课程的应用现状

随着我国职业教育信息化的不断推进，数字化教学平台与在线课程的应用范围越来越广。从国家层面的职业教育智慧教育平台到地方或院校自建平台，再到第三方商业平台，它们都在职业教育领域发挥着重要作用。同时，随着移动互联网技术的普及，智能手机与平板电脑等移动设备成为学习者随时随地获取知识的重要工具。

数字化教学平台与在线课程的应用，促进了教学模式的创新与变革。一方面，它们打破了传统课堂教学的时空限制，实现了优质教育资源的共享与利用；另一方面，它们也为教师提供了更加灵活多样的教学手段与工具，激发了教师的创新活力。例如，许多职业院校利用在线课程开展混合式教学，将线上自学与线下讨论、实践相结合，提高了教师的教学效果与质量；还有一些学校利用虚拟仿真实训平台开展实践教学，让学生在虚拟环境中模拟真实操作过程，提高了学生的技能水平与职业素养。

国家对职业教育数字化教学平台与在线课程的应用给予了高度重视，并提供了政策支持。近年来，教育部相继出台了一系列政策文件，明确了职业教育信息化的发展目标与任务,要求各地各校加强数字化教学平台与在线课程的建设与应用。同时,政府还通过资金补贴、项目扶持等方式,鼓励企业与社会力量参与职业教育信息化建设,形成了政府主导、多方参与的良好局面。

(四)数字化教学平台的应用成效与面临的挑战

数字化教学平台与在线课程的应用取得了显著的成效。一方面,它们提高了教学质量与效率,使得更多学生有机会接触到优质教育资源,促进了教育公平;另一方面,它们也推动了教学模式的创新与变革,激发了教师的创新活力,提高了学生的学习兴趣与积极性。此外,数字化教学平台与在线课程的应用还有助于缓解师资不足、教学资源分配不均等问题,为职业教育的高质量发展提供了有力支撑。

尽管数字化教学平台与在线课程的应用取得了显著成效,但仍面临一些挑战与问题。首先,数字鸿沟问题仍然存在,一些地区或院校由于经济条件、技术水平等因素限制,难以充分享受到数字化教学带来的便利;其次,部分教师对数字化教学平台与在线课程的应用不够熟练,缺乏相应的技术支持与培训;最后,一些在线课程的质量参差不齐,难以满足所有学习者的需求。

(五)未来展望

1. 深化应用与融合创新

未来,我国职业教育数字化教学平台与在线课程的应用将进一步得到深化与融合创新。一方面,将继续加强数字化教学平台与在线课程的建设与应用,推动优质教育资源的共建共享;另一方面,将积极探索数字化教学与传统教学的深度融合,创新教学模式与方法,提高教学效果与质量。同时,还将加强与企业的合作,将最新的技术成果与市场需求引入教学之中,培养更多符合市场需求的高素质技术技能人才。

2. 加强师资培训与技术支持

针对部分教师对数字化教学平台与在线课程应用不够熟练的问题,未来将加强师资培训与技术支持。通过举办培训班、研讨会等方式,提高教师的数字化教学能力与水平;同时,建立技术支持团队为师生提供及时有效的技术支持与帮助，确保数字化教学平台与在线课程的顺畅运行。

3.提升课程质量与个性化学习体验

针对部分在线课程质量参差不齐的问题，未来将加强对在线课程的质量监管与评估，以提升课程的质量与水平。同时，将继续探索个性化学习路径规划与学习效果评估技术，为学习者提供更加精准、高效的学习体验。此外，还将加强与国内外优秀在线教育平台的交流与合作，引进更多优质课程资源与服务，提升我国职业教育数字化教学平台与在线课程的国际竞争力与影响力。

4.推动教育公平与均衡发展

针对数字鸿沟问题，未来将加大对欠发达地区与技术水平薄弱院校的支持力度，以推动教育公平与均衡发展。通过资金补贴、项目扶持等方式，帮助这些地区或院校加强数字化教学平台与在线课程的建设与应用，缩小与发达地区或优质院校之间的差距。同时，还将加强区域间、校际间的交流与合作，共同推动职业教育数字化教学的发展进程。

总之，我国职业教育数字化教学平台与在线课程的应用正逐步成为提升教学质量、促进教育公平的重要手段。未来随着技术的不断进步与应用的不断深化，职业教育数字化教学将会迎来更加广阔的发展前景。

第二节　数字化资源的开发与整合

一、全数字化教材、教学视频等资源的开发

在我国职业教育领域，全数字化教材、教学视频等资源的开发及应用情况正随着教育信息化的深入而蓬勃发展。这些数字化教学资源不仅丰富了教学手段，提高了教学质量，还促进了教育公平与个性化学习的发展。以下将从开发背景、资源类型、开发流程、应用现状、成效与挑战以及未来展望等七个方面，具体描述我国职业教育全数字化教材、教学视频等资源的开发及应用情况。

（一）开发背景

随着信息技术的飞速发展，特别是互联网、大数据、人工智能等技术的广泛应用，教育领域正经历着前所未有的变革。职业教育作为与产业发展紧密相连的教育类型，更需要紧跟时代步伐，加快数字化教学资源的开发与应用。全数字化教材、教学视频等资源的出现，正是为了适应这一变革需求，提升了职业教育的教学质量、效率和灵活性。

（二）资源类型

职业教育全数字化教材、教学视频等资源的类型丰富多样，主要包括以下四类：

1. 全数字化教材

这类资源将传统纸质教材的内容以数字化形式呈现，包括文字、图片、音频、视频等多种形式。全数字化教材不仅方便师生随时随地查阅学习，还通过超链接、互动问答等功能增强了学习的互动性和趣味性。

2. 教学视频

教学视频是职业教育中最为常见的数字化教学资源之一。这些视频资源通常由专业教师录制，涵盖了课程讲解、实验操作、案例分析等多个方面。教学视频以其直观、生动的特点，深受师生喜爱。

3. 虚拟仿真实训资源

针对职业教育中需要实践操作的专业课程，虚拟仿真实训资源提供了安全、高效的解决方案。这些资源通过模拟真实工作场景和操作流程，让学生在虚拟环境中进行实践操作训练，提高了学生的技能水平和职业素养。

4. 在线题库与测评系统

为了检验学生的学习效果，职业教育领域还开发了大量的在线题库与测评系统。这些系统不仅包含了丰富的试题资源，还有自动阅卷、生成学习报告等功能，为教师和学生提供了便捷的学习反馈工具。

（三）开发流程

职业教育全数字化教材、教学视频等资源的开发是一个系统工程，通常包括以下五个步骤：

1. 需求分析

首先需要对目标用户（师生）的需求进行深入分析，明确资源开发的目的、内容、形式等要素。

2. 内容策划与设计

根据需求分析结果，策划和设计资源的内容结构、表现形式等。这一步骤需要充分考虑学习者的认知特点和学习习惯，以确保资源的易用性和有效性。

3. 素材收集与制作

收集相关的文字、图片、音频、视频等素材，并按照设计要求进行制作。在制作过程中，需要注重素材的质量和版权问题，以确保资源的合法性和规范性。

4. 资源整合与测试

将制作好的素材进行整合，形成完整的数字化教学资源。在整合过程中，需要进行多轮测试和优化，以确保资源的稳定性和易用性。

5. 上线发布与更新维护

将制作好的数字化教学资源上线发布，供师生使用。同时，还需要建立相应的更新维护机制，根据用户反馈和技术发展不断地更新和完善资源内容。

（四）应用现状

近年来，我国职业教育全数字化教材、教学视频等资源的开发及应用取得了显著成效。这些数字化教学资源已广泛应用于职业院校的日常教学中，成为提升教学质量、促进教育公平的重要手段。

1. 普及程度高

随着教育信息化的深入发展，越来越多的职业院校开始重视数字化教学资源的建设与应用。据统计，目前全国绝大多数职业院校已建成了运行流畅、功能齐全的校园网络，并配备了相应的数字化教学设备，而这些基础设施为数字化教学资源的普及提供了有力保障。

2. 应用形式多样

职业教育全数字化教材、教学视频等资源的应用形式多种多样，除了传统的课堂教学外，这些资源还被广泛应用于在线学习、混合式教学、翻转课堂等多种教学模式中。这些教学模式的创新不仅丰富了教学手段，还提高了学生的学习兴趣和参与度。

3. 效果显著

数字化教学资源的应用显著提升了职业教育的教学质量和学习效果。一方面，数字化教材和教学视频等资源的直观性、生动性特点使得抽象、复杂的知识变得易于理解和掌握；另一方面，虚拟仿真实训资源等新型教学资源的应用则为学生提供了更多实践操作的机会和平台，提高了他们的技能水平和职业素养。

（五）取得的成效

1. 提升教学质量

数字化教学资源的应用使得教学内容更加丰富多样、教学手段更加灵活高效，从而显著地提升了职业教育的教学质量和学习效果。

2. 促进教育公平

通过共享优质数字化教学资源，职业教育领域实现了优质教育资源的均衡分配和利用，促进了教育公平的实现。

3. 推动教学改革

数字化教学资源的开发与应用推动了职业教育领域的教学改革和创新发展。这些资源的引入不仅丰富了教学的手段和模式，还促进了师生之间的互动交流和合作学习。

（六）面临的挑战

1. 资源质量参差不齐

目前市场上存在大量的职业教育数字化教学资源，质量参差不齐的问题较为突出。一些资源内容陈旧、形式单一，缺乏互动性和趣味性，难以满足师生的实际需求。

2. 技术门槛较高

数字化教学资源的开发与应用需要一定的技术支持和人才储备，然而目前一些职业院校在技术方面存在短板和瓶颈问题,难以自主开发和维护高质量的数字化教学资源。

3. 版权问题复杂

数字化教学资源的版权问题较为复杂,涉及多个方面的利益关系和法律法规问题。如何平衡各方利益、确保资源的合法性和规范性,是当前我国职业教育全数字化教材、教学视频等资源的开发所面临的一个重要挑战。

（七）未来展望

我国职业教育全数字化教材、教学视频等资源的开发及应用在未来将继续深化和发展,以下是对其未来发展趋势的三点展望:

1. 资源质量不断提升

随着教育信息化的深入发展和技术水平的不断提高,职业教育数字化教学资源的质量将不断提升。这些资源将更加符合师生的实际需求和学习特点,具有更高的教育价值和实际应用效果。

2. 技术应用更加广泛

未来,数字化教学资源的开发与应用将更加广泛地融入各类教学场景和模式中。例如,人工智能、大数据等技术,可以实现对学生学习行为的精准分析和个性化推荐;虚拟现实、增强现实等技术,则可以为学生提供更加沉浸式和交互式的学习体验。

3. 生态体系更加完善

随着职业教育数字化教学资源的不断丰富和完善,一个涵盖资源开发、平台建设、应用推广、评价反馈等多个环节的数字化教学生态体系将逐渐形成并不断完善。这个生态体系将为职业教育的高质量发展提供更加坚实的支撑和保障。

我国职业教育全数字化教材、教学视频等资源的开发及应用情况正呈现出蓬勃发展的态势。这些数字化教学资源不仅丰富了教师的教学手段和模式,还促进了教育公平与学生个性化学习的发展。然而,面对挑战和问题,我们仍须不断地努力和探索,以推动职业教育数字化教学资源的高质量发展。

二、资源共享机制与平台的建立

（一）资源共享机制的建立

职业教育数字资源共享，旨在通过现代信息技术手段，将优质的教育资源进行整合、优化，并通过网络平台进行共享，以实现教育资源的最大化利用。这不仅能够促进教育公平，还能够提高教育效率，推动职业教育的持续发展。

1. 资源整合机制

建立严格的资源筛选机制，确保共享的资源具有高质量和适用性的特点。这需要对资源进行严格的评估和审核，及时剔除低质量、过时或不适用的资源。

对筛选后的资源进行科学合理的分类，便于用户快速找到所需资源。分类标准可以根据学科、课程、教学类型等进行设定。

同时，建立资源更新机制，确保共享的资源能够紧跟时代的步伐，反映最新的教学理念和方法。这需要定期对资源进行审查和更新，及时添加新的优质资源。

2. 资源共享机制

建立合理的权限管理机制，确保资源的共享和使用符合法律法规和道德规范。这需要对用户进行身份验证和授权，限制非法用户的访问和下载。

提供多种共享方式，如在线浏览、下载、嵌入等，以满足不同用户的需求。同时，还可以设置资源的共享范围和时长，以保护资源提供者的权益。

建立用户反馈机制，收集用户对共享资源的意见和建议，以便不断地优化资源的质量和改进资源的共享方式。

3. 资源利用机制

鼓励教师将共享资源应用于课堂教学中，提高教学效果。这可以通过组织教学研讨会、示范课等活动，推广优秀的教学案例和方法。

引导学生利用共享资源进行自主学习，培养他们的学习能力和创新精神。这可以通过设置学习任务、提供学习指导等方式实现。

建立成果展示平台，展示学生和教师利用共享资源取得的优秀成果，以激励他们更加积极地参与资源共享和利用。

（二）数字资源共享平台的搭建

在职业教育数字化转型工作中，数字资源的建设与共享起着非常关键的作用。数字资源共享平台的建设应遵循以下原则：

①在平台架构设计上：要设计简洁明了的前端界面，便于用户快速找到所需资源。界面应支持多种设备访问，如电脑、手机、平板等。构建稳定可靠的后端系统，负责资源的存储、管理和分发。后端系统应具备高效的数据处理能力，以应对大量用户的并发访问。设计合理的数据库结构，存储资源的元数据、用户信息、访问记录等数据。数据库应具备高效的查询和检索能力，以便用户快速找到所需资源。②在资源上传与下载上：开发资源上传和下载功能，允许用户将本地资源上传到平台，并从平台下载所需资源。上传和下载的过程应支持断点续传和多线程下载，以提高传输效率。③在资源搜索与筛选上：开发资源搜索和筛选功能，允许用户根据关键词、分类、标签等条件快速找到所需资源。搜索结果应支持排序和分页显示，以便用户浏览和选择。④在用户管理与权限控制上：开发用户管理和权限控制功能，实现对用户的身份验证、授权和访问控制。用户管理应支持用户注册、登录、密码找回等操作；权限控制应支持角色的划分和权限的分配。⑤在互动与交流设计上：开发互动与交流功能，允许用户在平台上进行评论、讨论和分享。这可以通过设置评论区、论坛、聊天室等模块实现，以促进用户之间的交流和合作。⑥在数据分析与统计上：开发数据分析与统计功能，对用户的访问行为、资源使用情况等数据进行收集和分析。这有助于了解用户的需求和偏好，优化资源的配置和共享方式。⑦在平台测试与优化上：对平台的各项功能进行全面测试，确保功能的正确性和稳定性。测试应包括正常情况下的操作、异常情况下的处理以及边界条件的测试。对平台的性能进行测试，包括响应时间、并发用户数、资源占用率等指标。测试应模拟实际使用场景，以验证平台的承载能力和稳定性，并邀请用户参与平台的测试，收集他们的反馈和建议。这有助于了解用户的需求和期望，优化平台的界面设计和功能设置。再根据测试结果和用户反馈，对平台进行持续的优

化和改进。这包括修复已知问题、添加新功能、优化性能等方面，以提升平台的用户体验感和满意度。

（三）数字资源共享面临的挑战与对策

1. 资源质量参差不齐

由于资源来源的多样性，共享资源的质量可能参差不齐。因此，需要建立严格的资源筛选和评估机制，以确保共享的资源具有高质量和适用性的特点。同时，还应鼓励用户参与资源的评价和反馈，以便不断地优化和改进资源的质量。

2. 技术难题

数字资源共享平台的搭建涉及多种技术难题，如数据存储、传输、处理等方面的技术挑战。因此，需要组建专业的技术团队，负责平台的研发和维护。同时，还应关注新技术的发展和应用，不断地引入新的技术和方法，提升平台的性能和用户体验感。

3. 版权问题

数字资源共享涉及大量的版权问题，需要建立严格的版权保护机制，这可以通过与资源提供者签订版权协议、设置资源使用权限等方式实现。同时，还应加强版权宣传和教育，提高用户的版权意识。

4. 用户隐私保护

在数字资源共享过程中，用户的隐私保护是一个重要问题。需要建立严格的用户隐私保护机制，确保用户的个人信息和访问记录得到妥善的保护。这可以通过加密技术、访问控制等手段来实现。同时，还应加强对用户隐私的宣传和教育，提高用户的隐私保护意识。

职业教育数字资源共享机制和平台的建立是一个复杂而系统的工程，需要多方面的努力和协作。通过构建科学合理的资源共享机制、搭建稳定可靠的平台、解决面临的挑战和问题，我们可以实现教育资源的最大化利用，促进职业教育的持续发展。未来，随着信息技术的不断进步和教育理念的不断创新，数字资源共享将在职业教育中发挥更加重要的作用。

第三节　数字化师资队伍的培养

一、教师数字化教学能力的提升

教师数字化教学能力的提升是教育信息化、数字化时代的重要课题，它要求教师不仅要掌握信息技术工具的使用，更要在教学的理念、方法上进行深刻的变革。

（一）提升数字化教学的意识与理念

1. 强化数字化教学的意识

教师首先需要认识到数字化教学的重要性，树立数字化教学的意识。这包括认识到数字化不仅是教学手段的革新，更是教学理念、模式的根本性变革。教师应关注全球数字经济发展前沿，深刻把握数字经济发展对教育领域的深远影响，及时更新数字技术赋能教育的价值认知，让教学理念、方法等时刻紧跟数字化转型的步伐。

2. 更新教育理念

教师应从传统的"以教师为中心"的教学模式向"以学生为中心"的模式转变，注重培养学生的自主学习能力、批判性思维和创新能力。数字化教学应成为促进学生全面发展的重要手段，而非简单的技术堆砌。

（二）系统学习与掌握数字化教学技能

1. 信息技术基础技能

教师应掌握计算机的基础操作、网络应用、多媒体制作、数据分析等信息技术基础技能。这些技能是教师进行数字化教学的基础，有助于教师更好地整合资源、设计教学内容和实施教学活动。

2. 数字化教学工具与平台使用

教师需要熟悉并掌握多种数字化教学工具与平台的使用，如多媒体教学软件、网络教学平台、人工智能工具等。这些工具能够丰富教学手段，提高教学效率，使教师的教学更加生动有趣。

3. 数字化教学资源开发

教师应具备开发数字化教学资源的能力，能够利用网络资源、开源软件等开发或整合高质量的教学资源，如电子教材、微课视频等。这些资源能够为学生提供更加丰富多样的学习材料，满足不同学生的学习需求。

（三）实践探索与反思改进

1. 实践应用

理论知识的学习最终要落实到实践中。教师应将所学的数字化教学技能应用到实际教学中，通过不断的实践尝试和探索来积累经验，形成自己的数字化教学风格。同时，教师还应关注学生在数字化教学过程中的反馈和表现，及时调整教学策略，确保教学效果。

2. 观摩学习

观摩优秀教师的数字化教学案例是提升教师数字化教学能力的重要途径。教师可以通过观摩其他教师的课堂教学、教学视频等，学习他们的教学理念、方法和技术手段，从中汲取灵感和经验。

3. 反思改进

反思是提升数字化教学能力不可或缺的一环。教师应定期对自己的数字化教学进行反思和总结，分析教学中的得失及其原因，提出改进的措施和方法。通过不断的反思和改进，教师可以逐步提高自己的数字化教学能力。

（四）参与培训与研修

1. 系统培训

学校和教育行政部门应定期组织数字化教学专项培训，为教师提供系统、全面的数字化教学知识和技能培训。培训内容可以包括信息技术基础、数字化教学工具与平台使用、数字化教学资源开发等多个方面。

2. 专业研修

教师还可以通过参加专业研修班、研讨会等活动来提升自己的数字化教学能力。这些活动通常会邀请专家、学者进行专题讲座和经验分享，为教师提供与同行交流和学习的机会。

3. 线上学习

随着互联网技术的发展，线上学习已成为教师提升数字化教学能力的重要途径。教师可以通过在线教育平台、网络课程等方式进行自主学习和交流互动，以获取更多的数字化教学资源和经验。

（五）构建数字化教学支持体系

1. 学校层面的支持

学校应为教师提供必要的数字化教学设施和资源支持，如建设智能教室、配备数字化教学设备等。同时，学校还应加强数字化教学资源的整合和共享，为教师提供丰富多样的教学资源。

2. 教育行政部门的支持

教育行政部门应制定相关政策措施来推动教师数字化教学能力的提升，包括出台相关文件、提供经费支持、组织专项培训等。教育行政部门还应加强对学校数字化教学工作的指导和监督，确保各项政策措施的落实。

3. 社会力量的支持

社会力量也是推动教师数字化教学能力提升的重要力量。企业、科研机构等可以通过技术支持、资源捐赠等方式为学校和教师提供帮助。同时，社会各界还应关注教师的专业发展需求，为他们提供更多的学习和发展机会。

（六）具体提升策略与路径

1. 观摩学习与实践结合

通过观摩优秀教师的数字化教学案例，学习他们的教学理念和技巧，并在自己的教学实践中进行尝试和应用。同时，教师要注重学生的反馈和表现，及时调整教学的策略和方法。

2. 反思与总结循环迭代

每次教学结束后教师都要进行深入的反思和总结，分析教学中的得失及其原因，并提出改进的措施和方法。通过不断的反思和改进，可以形成螺旋上升的教学能力提升路径。

3. 线上线下融合教学

教师应将线上教学和线下教学有机结合，利用网络平台和数字化教学工具打破教学时间和空间限制，提高教学的效率和质量。同时，注重线上线下教学的无缝对接和发挥互补优势。

4. 个性化因材施教

教师应关注学生的个体差异和学习需求，利用大数据分析和学习者画像等技术手段了解学生的学习状况和特点，为他们提供个性化的教学支持和指导。同时，教师要鼓励学生进行自主学习和探究发现，培养他们的创新能力和批判性思维。

5. 共同体式的网络化交互

构建由学生与教师共同组成的探究式学习共同体，围绕真实的问题与情境形成学生与学生、学生与教师之间的参与式、协作式学习网络。通过多元化的交互方式，促进知识的共享和创新思维的激发。

数字化教学能力的提升是一个持续不断的过程，需要教师在教学实践中不断地探索和尝试新的教学理念和方法。通过强化数字化教学意识、系统学习与掌握数字化教学技能、实践探索与反思改进、参与培训与研修，以及构建数字化教学支持体系等多方面的努力，教师可以逐步提升自身的数字化教学能力，为培养具有创新精神和实践能力的高素质人才贡献自己的力量。

二、数字化教学团队的组建与管理

数字化教学团队的组建与管理是教育信息化建设的关键环节，它直接关系到学校数字化教学水平的提升、教育资源的优化配置以及教师专业技能的发展。一个高效、协作的数字化教学团队，不仅能够推动教学内容、方法和模式的创新，还能促进教师之间的知识共享与经验交流，为学生的学习成长提供更加丰富的资源和支持。

（一）数字化教学团队的组建

1. 明确团队的目标与定位

在组建数字化教学团队之前，首先需要明确团队的目标与定位。这包括团队要解决的问题、期望达到的效果，以及团队在学校整体数字化战略中的位置。目标应具体、可衡量，并与学校的长远发展规划相契合。

2. 选拔合适的成员

团队成员的选拔是组建数字化教学团队的关键。成员应具备扎实的专业知识、良好的信息素养、较强的学习能力和团队合作精神。同时，还需要考虑成员在数字化教学方面的经验和潜力，以及他们对学校数字化教学理念的认同度。

在选拔过程中，可以通过面试、试讲、作品展示等方式对候选人的综合素质进行评估。此外，还可以邀请校内外专家对候选人进行评审，以确保选拔的公正性和准确性。

3. 确定团队的结构与职责

根据团队目标和成员特点，确定团队的结构和职责。团队结构可以包括领导小组、技术支撑小组、教学内容开发小组、教学实施小组等。每个小组应明确其职责和任务，确保团队成员能够各司其职、协同工作。

领导小组负责团队的整体规划、决策和协调；技术支撑小组负责数字化教学平台的建设和维护；教学内容开发小组负责数字化教学资源的开发和整合；教学实施小组则负责将数字化教学资源应用于实际教学中，并收集反馈进行内容改进。

4. 建立团队文化

团队文化是数字化教学团队的精神支柱和动力源泉，应包括团队的价值观、使命、愿景以及行为规范等。团队文化应鼓励创新、尊重差异、注重协作和分享，为团队成员提供一个积极向上、和谐融洽的工作环境。

为了建立团队文化，可以组织团队成员进行团队建设活动，如团队拓展、文化交流、经验分享等。这些活动有助于增强团队成员之间的信任和默契，促进团队凝聚力的提升。

（二）数字化教学团队的管理

1. 制定管理制度与规范

为了确保数字化教学团队的高效运作，需要制定一套完善的管理制度与规范。这包括团队成员的选拔、培训、考核、激励，以及团队会议、项目管理、知识共享等方面的制度。

管理制度应明确团队成员的权利和义务，规范团队的工作流程和决策机制。同时，还需要建立有效的监督机制，确保团队成员能够遵守制度、履行职责。

2. 加强团队沟通与协作

沟通与协作是数字化教学团队成功的关键。团队成员之间应保持畅通的沟通渠道，及时分享信息、交流经验和解决问题。为了加强团队沟通与协作，可以采取以下措施：

①定期召开团队会议，讨论团队进展、存在的问题和下一步的计划；

②建立团队交流平台，方便成员随时随地进行交流；

③鼓励团队成员之间进行互访和相互观摩，学习彼此的教学经验和技巧；

④组织团队协作活动，如共同开发教学资源、参与教学项目等，以增强团队成员之间的合作意识和默契度。

3. 提供持续培训与支持

数字化教学是一个不断发展的领域，团队成员需要不断地更新知识和技能，以适应新的教学需求和技术变革。因此，学校应为团队成员提供持续的培训和支持。

培训内容应包括数字化教学理论、技术工具使用、教学资源开发、教学方法创新等方面。培训形式可以是线上课程、线下研讨会、工作坊等。同时，还可以邀请校内外专家开展讲座和指导，为团队成员提供前沿的教学理念和方法。

除了培训，学校还应为团队成员提供必要的技术支持和资源保障，包括提供先进的数字化教学设备、软件工具以及丰富的教学资源库等。这些支持和保障有助于团队成员更好地开展数字化教学工作，提高教学的效果和质量。

4. 激励与评价体系

为了激发团队成员的积极性和创造力，需要建立一套有效的激励与评价体系，包括物质激励和精神激励两个方面。

物质激励可以通过奖金、津贴、晋升机会等方式实现。学校可以根据团队成员的贡献和表现给予相应的物质奖励，以激励他们更加努力地工作。

精神激励则可以通过表彰、授予荣誉、提供职业发展机会等方式实现。学校可以定期评选优秀团队成员和成果，并给予表彰和奖励。同时，还可以为团队成员提供职业发展的机会和平台，如参加国内外学术会议、进修学习等，以激励他们不断地提升自己的专业素养和综合能力。

评价体系应客观、公正、全面，既要考虑团队成员的个人表现，也要考虑团队的整体成果。在评价过程中，可以采取学生评价、同行评价、领导评价等相结合的方式，确保评价的准确性和公正性。

5. 持续改进与创新

数字化教学团队应始终保持持续改进和创新的精神。团队成员应不断地关注数字化教学领域的新动态和新技术，积极探索新的教学方法和模式。同时，还需要注重团队内部的知识共享和经验交流，促进团队成员之间的互相学习和成长。

为了持续改进和创新，团队可以定期组织教学研讨会、教学观摩、教学竞赛等活动。这些活动有助于激发团队成员的创新思维和竞争意识，从而推动团队不断向前发展。

此外，团队还可以与学校其他部门和校外机构进行合作与交流，共同推动数字化教学的发展。通过合作与交流，团队可以借鉴他人的成功经验和做法，拓宽团队成员的视野和思路，为团队的持续发展注入新的活力和动力。

（三）数字化教学团队面临的挑战与对策

1. 技术更新迅速

数字化教学领域的技术更新迅速，团队成员需要不断学习和掌握新技术。

为了应对这一挑战，团队可以建立定期的技术学习和交流机制，鼓励团队成员参加相关的培训和研讨会，提高其技术素养和应用能力。

2. 教学资源匮乏

数字化教学资源是开展数字化教学的基础。然而，目前市场上存在大量的低质量、重复性的教学资源，给团队成员的选择和使用带来了困难。为了解决这一问题，团队可以积极开发和整合优质的教学资源，建立自己的教学资源库。同时，还可以与其他学校和机构进行合作与资源共享，以扩大教学资源的来源和渠道。

3. 教师观念转变困难

部分教师在长期的教学过程中形成了固定的教学观念和模式，对数字化教学持怀疑或抵触的态度。为了转变教师的观念，团队可以通过宣传、培训、示范等方式展示数字化教学的优势和效果。同时，还可以邀请已成功应用数字化教学的教师进行经验分享和交流，以增强其他教师的信心并激发动力。

4. 团队协作不畅

团队协作不畅是数字化教学团队面临的另一个挑战。为了加强团队协作，团队可以明确各小组的职责和任务，建立有效的沟通机制和协作流程。同时，还可以通过定期组织团队建设活动和协作项目，增强团队成员之间的信任度和默契度。

数字化教学团队的组建与管理是一个复杂而系统的工程，需要学校、团队成员以及社会各界的共同努力和支持。通过明确团队目标与定位、选拔合适成员、确定团队结构与职责、建立团队文化等措施，可以组建起一个高效、协作的数字化教学团队。而通过制定管理制度与规范、加强团队沟通与协作、提供持续培训与支持、建立激励与评价体系以及持续改进与创新等措施，则可以对团队进行有效的管理。面对数字化教学领域存在的挑战和机遇，我们应积极应对、不断创新，为推动教育信息化和数字化教学的发展贡献自己的力量。

第三章　职业教育教学模式的数字化转型

第一节　混合教学模式的探索与实践

一、线上与线下教学的有机结合

在职业教育中，线上与线下教学的有机结合已成为一种重要的教学模式，旨在提高教学效果，增强学生的自主学习能力和实践创新能力。下文将详细阐述线上线下混合式教学（Blended Learning）的理论基础、实施策略、优势及实际案例，以期为职业教育的教学改革提供参考。

（一）理论基础

1.教学理念的转变

传统教学模式往往以教师为中心，学生被动接受知识，存在时间和空间上的限制，难以有效地激发学生的主动性和创造力。随着信息技术的快速发展，教育领域的数字化转型成为必然趋势。线上线下混合式教学正是在这一背景下应运而生，它融合了传统课堂教学的直观性和网络教学的灵活性与个性化，实现了教学理念的转变。

2.OBE（Outcome-based Education）教育理念

OBE教育理念强调以学生的学习成果为导向，即"产出导向"的教学设计。

在这种理念下，线上线下混合式教学更加注重学生的实际需求和能力发展，通过多样化的教学手段和方式，可确保学生达到既定的学习目标。

3. 数字技术与教学的融合

数字技术的广泛应用为线上线下混合式教学提供了有力的支持。借助5G、VR、AR、大数据和人工智能等技术手段，可以构建虚实融合的教学场景，提升教师的教学效果和学生的学习体验。同时，数字技术还使得教学内容从人工创造转向智能生成，满足学生泛在化和个性化的学习需求。

（二）实施策略

1. 教学设计思路

线上线下混合式教学的教学设计应遵循以下四个思路：

①模块化教学内容：将课程内容划分为若干个模块，每个模块围绕一个核心知识点展开教学，便于学生自主学习和复习。

②任务驱动教学：通过设定具体的学习任务，引导学生主动探索和实践，培养学生的实践能力和创新能力。

③个性化学习路径：利用线上教学资源的丰富性和灵活性，为不同需求和能力的学生提供个性化的学习路径。

④实时反馈与调整：通过线上教学平台的数据分析功能，及时了解学生的学习情况，对教学策略进行实时反馈和调整。

2. 线上教学资源的建设

线上教学资源的建设是线上线下混合式教学的重要基础，其具体策略包括以下三种：

①课程平台的搭建：利用互联网和信息技术搭建课程学习平台，用来汇聚和展示优质课程资源。

②教学资源的分类与整理：根据课程内容和学生需求，对教学资源进行分类和整理，形成系统化的课程资源库。

③互动与反馈机制：在课程平台上设置互动和反馈机制，鼓励学生参与讨论和提问，促进师生之间的交流与合作。

3. 线下教学的实施

线下教学在混合式教学模式中同样扮演着重要的角色，具体策略包括以下三种：

①课堂讲解与演示：针对线上学习的重点和难点内容，进行课堂讲解和演示，帮助学生深入理解和掌握所学内容。

②实践操作与指导：通过实践操作和指导，培养学生的实践能力和动手能力，例如，组织学生进行社会调查、说课、讲课等活动。

③小组讨论与协作：通过小组讨论和协作，培养学生的团队协作能力和沟通能力。

（三）优势分析

1. 激发学生的学习兴趣

线上线下混合式教学通过多样化的教学手段和方式，可以激发学生的学习兴趣和积极性。线上教学资源的丰富性和灵活性使学生可以根据自己的兴趣和能力选择学习内容；线下教学的直观性和互动性则能进一步加深学生对所学内容的理解和记忆。

2. 提升学生的自主学习能力

混合式教学强调学生的自主学习和主动学习。通过对线上教学资源的自主学习和线下教学的实践操作，学生能够逐渐形成自主学习的习惯和能力，为未来的学习和工作打下坚实的基础。

3. 培养学生的实践创新能力

混合式教学注重对学生实践和创新能力的培养。通过线上教学资源的拓展和线下教学的实践操作，学生能够接触到更多的实际案例和情境，从而培养他们的实践应用能力和创新能力。

4. 提高教学效果和质量

混合式教学通过线上线下的有机结合，实现了教学资源的共享和优化配置。同时，通过实时反馈和调整教学策略，教师能够及时发现和解决教学过程中的问题，以提高教学效果和质量。

（四）实际案例

1. 学前教育专业混合式教学案例

某高职院校的学前教育专业针对传统教学模式的不足，探索实施了线上线下混合式教学模式。旨在通过混合式教学激发学生的学习兴趣和积极性，提升学生的自主学习能力和实践创新能力。

学院利用互联网和信息技术搭建了学前教育专业课程的学习平台，汇聚了丰富的课程资源，包括教学视频、课件、案例库等。同时，还设置了互动和反馈机制，鼓励学生参与讨论和提问。

在线下教学中，教师则针对线上学习的重点和难点内容进行课堂讲解和演示。同时，组织学生进行实践操作和小组讨论活动。例如，组织学生进行幼儿园观摩、说课、讲课等活动，以提升学生的实践应用能力和团队协作能力。

通过实施混合式教学，学生的学习兴趣和积极性得到了显著的提高。学生的自主学习能力明显增强，能够根据自己的需求和能力选择学习内容，并合理安排学习时间。同时，学生的实践应用能力和创新能力也得到了显著的提升。在就业市场上，该专业的毕业生受到了广泛欢迎。

2. 铁道机车专业"内燃机车柴油机"课程混合式教学案例

某高职院校铁道机车专业针对"内燃机车柴油机"课程结构复杂、学生理解困难等问题，探索实施了线上线下混合式教学模式。旨在通过混合式教学帮助学生突破学习难点、掌握核心技能，并提升他们的职业素养。

在教学设计思路上，构建技能、知识和素养三线并行的育人策略。以"开车时柴油机必做的体检"为主线，通过"检外科、测血压、通肠胃和查内科"四大模块导入教学内容以激发学生的兴趣。同时，引入现场作业标准和校企双导师制，对学生以"准职业人"的身份进行培养。

在线上教学资源的建设上，利用互联网和信息技术搭建课程学习平台，并上传丰富的线上教学资源，包括教学视频、课件、仿真模拟软件等。学生可以通过线上教学资源进行自主学习和预习。

在线下教学中，教师则针对线上学习的重点和难点内容进行课堂讲解和演示。同时，采用现场工作视频引导、结构认知、流程探索、仿真模拟和实车演练等递进式环节逐步引导学生展开学习。课中将趣味游戏和信息化手段广泛融入以上各环节中，以激发学生的学习兴趣和积极性。

通过实施混合式教学，"内燃机车柴油机"课程的教学效果得到了显著提升，学生由此对柴油机的结构、原理和工作流程有了更深入的理解和掌握。同时，学生的实践能力和职业素养也得到了显著提升。在后续顶岗实习和工作中，学生表现出色并受到了用人单位的好评。

线上线下混合式教学作为职业教育改革的重要方向之一，已经在多个领域和课程中取得了显著的成效。通过融合传统教学模式和互联网信息技术的优势，混合式教学不仅激发了学生的学习兴趣和积极性，还提升了学生的自主学习能力和实践创新能力。未来，随着数字技术的不断发展和教育理念的持续创新，混合式教学将在职业教育中发挥更加重要的作用。

然而，在实施混合式教学的过程中，也面临着一些问题和挑战。例如，如何确保线上教学资源的质量和更新速度？如何平衡线上与线下教学的比例和节奏？如何有效地监测和评估学生的学习效果？这些问题需要我们在实践中不断探索和解决。

总之，线上线下混合式教学是职业教育改革的重要趋势之一。通过不断地创新和完善教学理念和手段，我们可以更好地培养学生的综合素质和应用能力，为社会的发展和进步做出更大的贡献。

二、混合式教学的设计原则与实施策略

在探讨混合式教学的设计原则与实施策略时，首先需要明确混合式教学的核心理念，即教师在教学过程中应利用数字技术打破时空限制，集成线上线下育人资源，为学生提供更加灵活、多样，且具有个性化和针对性的学习支持。

（一）混合式教学的设计原则

1. 明确学习目标

设计混合式教学模式的首要原则是明确学习目标。教师应根据学校课程标

准和学生需求，制订清晰、具体、可衡量的学习目标。这些目标应涵盖知识、技能和态度三个方面，以确保学生在学习过程中有明确的方向。同时，学习目标应与混合式教学模式相适应，通过线上和线下相结合的方式来实现。

2. 整合线上与线下教学

混合式教学模式的核心在于线上与线下教学的有机结合。在设计过程中，教师需要合理安排在线学习资源和面对面教学活动，确保学生在不同的环境中获得全面的学习经验。线上教学可以为学生提供丰富的学习资源和自主学习空间，而线下教学则可以通过教师的引导和师生的互动，帮助学生深入理解和掌握知识。两者相辅相成，共同促进学生的全面发展。

3. 提供个性化学习机会

混合式教学模式的另一个重要原则是提供个性化的学习机会。教师应根据学生的不同需求和能力，设计个性化的学习路径和任务。通过在线平台，教师可以提供定制化的学习材料和资源，满足学生的个性化学习需求。同时，教师还可以利用大数据和人工智能技术，分析学生的学习行为和表现，为学生提供更加精准的学习指导和支持。

4. 注重学生的主动学习与协同学习

混合式教学模式鼓励学生主动参与学习和协同合作。在教学过程中，教师应设计一系列的互动活动、合作项目或讨论板块，以激发学生的学习兴趣和积极性。这些活动可以帮助学生形成自主学习的习惯和能力，同时培养他们的团队协作精神和沟通能力。

5. 选用合适的教学资源与工具

选用合适的教学资源和工具是混合式教学模式成功的关键。教师应根据教学的内容和目标，选择适合的在线学习平台、视频会议软件、仿真模拟软件等教学资源和工具。这些资源和工具应具备良好的用户体验和交互性，能够支持学生的自主学习和合作学习。

6. 营造良好的学习环境与氛围

良好的学习环境和氛围对于混合式教学的成功至关重要。学校应提供稳定的网络环境、舒适的学习空间和必要的技术支持。同时，教师还应营造积极向上的学习氛围，鼓励学生之间相互帮助、共同进步。

（二）混合式教学的实施策略

1. 制订详细的教学计划

在实施混合式教学模式之前，教师应制订详细的教学计划。教学计划应包括教学目标、教学内容、教学方法、评价方式等方面。教师应根据学生的学习特点和需求，合理安排线上和线下的教学时间和内容，以确保教学活动的有序进行。

2. 加强对教师的培训与支持

混合式教学模式对教师提出了更高的要求。教师需要具备一定的信息技术能力和教学设计能力，只有这样才能有效地实施混合式教学。因此，学校应加强对教师的培训与支持，帮助他们掌握线上线下混合式教学的理论和方法。同时，学校还应建立完善的激励机制和评价体系，鼓励教师积极参与混合式教学的实践和研究。

3. 确保网络稳定与提供技术支持

在线学习需要稳定的网络环境和可靠的技术支持。学校应提供稳定的网络连接和必要的技术设备，以确保学生在线学习的顺利进行。同时，学校还应建立技术支持团队，及时解决学生在学习过程中遇到的技术问题。

4. 实施多样化的教学活动

在混合式教学模式中，教师应实施多样化的教学活动以激发学生的学习兴趣和积极性。这些活动可以包括在线讨论、视频观看、模拟实验、小组协作等。通过多样化的教学活动，学生可以更加全面地理解和掌握知识，同时他们的自主学习能力和团队协作能力也可以得到培养。

5. 提供及时的学习反馈与评估

及时的学习反馈和评估是混合式教学模式中不可或缺的一环。教师应定期听取学生的反馈和对学生进行评估，了解学生的学习情况和需求，并根据反馈结果调整教学的策略和方法。同时，教师还应建立多元化的评价体系，包括过程性评价和终结性评价相结合的方式，以全面评估学生的学习效果。

6.注重对学生自主学习能力的培养

混合式教学模式强调学生的自主学习能力。在教学过程中，教师应注重培养学生的自主学习意识和能力。教师可以通过设置自主学习任务、提供学习资源和指导等方式，帮助学生形成自主学习的习惯和能力。同时，教师还应鼓励学生积极参与线上讨论和协作活动，提高他们的自主学习效果和团队协作能力。

7.加强家校沟通与合作

家校沟通与合作是混合式教学模式中不可忽视的一环。学校应加强与家长的沟通和合作，共同关注学生的学习情况和成长发展。家长可以通过学校提供的在线平台了解孩子的学习进度和表现，与教师进行交流。同时，学校还可以邀请家长参与学校的教学活动和决策过程，增强家校之间的合作与信任。

（三）实际案例分析

以某高职院校的"电子商务概论"课程为例，具体分析混合式教学的设计原则与实施策略。

"电子商务概论"是电子商务专业的一门基础课程，旨在让学生了解电子商务的基本概念、发展历程、主要模式和关键技术等。传统的教学模式往往以课堂讲授为主，学生缺乏实践机会和自主学习空间。为了提高教学效果和培养学生的实践能力，该高职院校决定采用混合式教学模式进行教学改革。

1.明确学习目标

根据学校课程标准和学生需求，制订清晰、具体的学习目标，包括掌握电子商务的基本概念，了解电子商务的发展历程和主要模式，掌握电子商务的关键技术，等等。

2.整合线上与线下教学

线上教学主要通过在线学习平台提供电子商务相关的教学视频、课件和案例等资源；线下教学则通过课堂讲授、小组讨论和实践活动等方式进行。两者有机结合，共同促进学生的全面发展。

3. 提供个性化学习机会

根据学生的不同需求和能力,设计个性化的学习路径和任务。例如,为不同层次的学生提供不同难度的学习任务和案例资源;通过在线平台为学生提供定制化的学习指导和支持;等等。

4. 注重学生的主动学习与协同学习

设计一系列互动活动、合作项目或讨论板块,以激发学生的学习兴趣和积极性。例如,组织学生进行电子商务案例分析、模拟电商平台运营等活动;通过在线平台进行小组讨论和协作学习;等等。

5. 选用合适的教学资源与工具

选用合适的在线学习平台、视频会议软件等教学资源和工具。确保这些资源和工具具备良好的用户体验和交互性,以支持学生的自主学习和合作学习。

6. 制订详细的教学计划

根据学校课程标准和学生需求制订详细的教学计划。包括线上和线下的教学时间分配、教学内容安排、教学方法选择等方面,以确保教学活动的有序进行。

7. 加强对教师的培训与支持

对教师进行线上线下混合式教学的培训和支持。帮助教师提升相关的信息技术能力和教学设计能力,以有效地实施混合式教学。

8. 确保网络稳定与提供技术支持

提供稳定的网络连接和必要的技术设备,以确保学生在线学习的顺利进行。建立技术支持团队,可及时地解决学生在学习过程中遇到的技术问题。

9. 实施多样化的教学活动

通过在线讨论、视频观看、模拟实验、小组协作等多种方式实施多样化的教学活动,以激发学生的学习兴趣和积极性。

10. 提供及时的学习反馈与评估

定期听取学生的反馈并对学生进行评估,了解学生的学习情况和需求,并根据反馈结果调整教学的策略和方法。建立多元化的评价体系,可以全面评估学生的学习成果。

11. 注重对学生自主学习能力的培养

通过设置自主学习任务、提供学习资源和指导等方式培养学生的自主学习意识和能力。鼓励学生积极参与线上讨论和协作活动，以提高其自主学习效果和团队协作能力。

通过以上设计原则与实施策略的应用，"电子商务概论"课程成功实现了线上线下混合式教学的改革，并取得了显著的教学效果。学生的学习积极性和实践能力得到了明显提高，同时教师的教学能力和信息技术能力也得到了显著的提升。

第二节　个性化学习的实现路径

一、基于大数据的学习行为分析

基于大数据技术，对高职学生的学习行为进行分析是一个复杂而系统的过程，它涉及数据采集、数据预处理、数据分析与挖掘、模型构建以及结果应用等多个环节。以下将详细阐述这一过程，并结合当前大数据技术的发展趋势和职业教育的特点，提供具体的分析方法和策略。

在大数据时代，数据已成为驱动教育变革的重要力量。通过对高职学生学习行为的大数据分析，我们可以深入了解学生的学习习惯、学习成效以及潜在的学习需求，为个性化教学、教学质量评估及教育决策提供科学依据。因此，开展基于大数据的学生学习行为分析，具有重要的现实意义和应用价值。

（一）数据采集

1. 数据来源

高职学生学习行为的数据来源广泛，主要包括以下五个方面：

①学习管理系统（LMS）：如 Moodle、Blackboard 等，这些系统记录了学生在线学习过程中的各种操作，如登录时间、学习时长、课程访问次数、作业

提交情况等。

②教学软件与工具：如仿真软件、在线编程平台等，这些工具能够捕捉学生在实践操作中的行为数据。

③学生自主学习平台：如慕课（MOOC）平台、在线图书馆等，学生在这些平台上的学习行为也是重要的数据来源。

④校园一卡通系统：记录学生在校园内的消费、出入图书馆、参加活动等行为数据，这些数据间接反映了学生的学习、生活状态。

⑤社交媒体与通信工具：虽然这些数据可能涉及隐私，但在征得学生同意的前提下，也可以作为分析学生社交互动和学习态度的参考。

2. 数据采集方法

①结构化数据采集：通过数据库、API接口等方式，直接获取存储在系统中的结构化数据。

②非结构化数据采集：利用网络爬虫、文本挖掘等技术，从网页、文档、视频等非结构化数据中提取有用的信息。

③实时数据采集：通过日志收集、事件触发等方式，实时捕获学生的学习行为数据。

（二）数据预处理

1. 数据清洗

数据清洗是数据预处理的第一步，旨在去除数据中的噪声、冗余和错误。具体方法包括以下三个：

①缺失值处理：对于缺失的数据，可以采用填充（如均值填充、众数填充）、删除或插值等方法进行处理。

②异常值检测与处理：通过统计方法或机器学习算法识别异常值，并根据实际情况进行修正或删除。

③数据格式统一：将不同来源的数据转换为统一的格式，以便于后续处理和分析。

2. 数据集成

数据集成是将多个数据源的数据合并到一个统一的数据仓库或数据湖中。在集成过程中，需要解决数据冲突、数据冗余等问题，以确保数据的准确性和一致性。

3. 数据变换

数据变换是对数据进行规范化、标准化或降维等操作，以提高数据分析的效率和准确性。例如，可以将连续型数据离散化，或将高维数据通过主成分分析等方法进行降维处理。

（三）数据分析与挖掘

1. 描述性统计分析

通过描述性统计分析，可以了解学生学习行为的基本情况，如学习时间分布、学习资源使用情况、学习成绩分布等。这些统计结果有助于教育工作者对学生的学习状态有初步的了解。

2. 关联规则分析

关联规则分析用于发现不同的学习行为之间的关联性。例如，可以分析哪些学习行为（如预习、复习）与学习成绩之间存在正相关关系，从而为教学策略的制订提供依据。

3. 聚类分析

聚类分析将具有相似特征的学生分为不同的群体，以便于进行有针对性的教学和管理。通过聚类分析，教师可以发现不同的学生群体在学习行为上的差异和共性，为个性化教学提供支持。

4. 预测性分析

预测性分析是利用历史数据建立预测模型，以预测学生未来的学习行为和学习成绩。例如，可以基于学生的学习行为数据预测其是否可能出现学习困难或成绩下滑的情况，从而提前采取干预措施。

5. 文本挖掘与情感分析

对于学生在学习过程中产生的文本数据（如讨论区发言、作业反馈等），可以利用文本挖掘和情感分析技术提取有用的信息。例如，可以分析学生对课程内容的理解程度、对教学活动的满意度等，以便教师及时调整教学策略。

（四）模型构建

基于数据分析的结果，可以通过构建多种模型来进一步揭示学生学习行为的规律和趋势。常见的模型包括以下三种：

①学习行为预测模型：利用机器学习算法（如决策树、随机森林、神经网络等）构建预测模型，以预测学生未来的学习行为和学习成绩。

②个性化学习推荐模型：根据学生的兴趣、能力和学习需求，构建个性化学习推荐模型，为学生提供定制化的学习资源和路径。

③教学质量评估模型：结合学生的学习行为数据和成绩数据，构建教学质量评估模型，以评估教师的教学效果和教学质量。

（五）结果应用

1. 个性化教学

基于大数据分析结果，教师可以针对不同学生的学习特点和需求，制订个性化的教学计划和辅导方案。例如，对于学习兴趣浓厚的学生，可以提供更多的拓展资源和挑战性的学习任务；对于学习困难的学生，则可以通过个性化教学和辅导措施帮助其克服困难。

2. 教学策略优化

通过对学生学习行为的大数据分析，可以发现教学中存在的问题和不足，从而有针对性地优化教学策略。例如，可以根据学生的学习进度和反馈情况，调整教学的内容和难度；根据学生的学习习惯和时间分布，合理安排教学活动；等等。

3. 教育决策支持

大数据分析结果还可以为教育决策提供支持。例如，可以基于学生的学习行为数据评估不同的教学方法和手段的效果；可以分析不同专业、不同年级学生的学习特点和需求差异；可以预测未来教育发展的趋势和变化；等等。这些分析结果有助于教育管理者制订更加科学、合理的教育政策和规划。

（六）隐私保护与伦理问题

在基于大数据对学生学习行为进行分析的过程中，必须充分考虑隐私保护和伦理问题。学生的学习数据属于个人隐私范畴，应受到严格的保护。因此，在数据采集、存储、分析和应用的过程中，必须遵循相关法律法规和伦理原则：

①明确告知并征得同意：在采集学生数据之前，必须明确告知学生数据的使用目的和范围，并取得其同意。

②数据加密与脱敏：对敏感数据进行加密和脱敏处理，以防止数据泄露和滥用。

③数据访问控制：建立严格的数据访问控制机制，确保只有授权人员才能访问相关数据。

④数据使用限制：明确数据使用的限制条件和范围，确保数据不被用于非法或不当用途。

基于大数据技术的高职学生学习行为分析是一个复杂而系统的过程，涉及数据采集、预处理、分析与挖掘、模型构建以及结果应用等多个环节。教师通过这一过程，可以深入了解学生的学习习惯、学习成效以及潜在的学习需求，为个性化教学、教学质量评估及教育决策提供科学依据。然而在实际应用中，还需要注意隐私保护和伦理问题，确保数据的合法、安全和有效使用。随着大数据技术的不断发展和教育理念的更新，基于大数据的学生学习行为分析将在未来教育领域发挥更加重要的作用。

二、个性化学习资源的推荐与推送

个性化学习资源的推荐与推送是智能教育的重要组成部分，它基于学生的学习需求、兴趣和能力，为他们提供定制化的学习资源，旨在提高他们的学习效果和学习兴趣。

（一）理论基础

个性化学习资源的推荐与推送建立在多个理论基础之上，主要包括学习理论、信息推送技术和个性化推荐算法等。

1. 学习理论

①建构主义学习理论：强调学习是一个主动建构知识的过程，学生根据自己的经验和背景来理解和解释新知识。个性化学习资源的推荐应尊重学生的差异性和主动性，提供符合其认知特点的学习资源。

②人本主义学习理论：认为学习应关注学生的情感、态度和价值观，促进学生的全面发展。个性化学习资源的推荐应关注学生的兴趣和需求，激发其学习动力。

2. 信息推送技术

信息推送技术是指根据用户的兴趣和需求，主动将相关信息推送给用户的技术。在个性化学习资源的推荐与推送中，信息推送技术是实现资源精准送达的关键。

3. 个性化推荐算法

个性化推荐算法是核心，它是通过分析用户的历史行为、兴趣偏好等数据，预测用户可能感兴趣的内容，并据此进行推荐。常见的个性化推荐算法包括协同过滤、基于内容的推荐、混合推荐等。

（二）关键技术

1. 数据采集与预处理

①数据采集：通过学习管理系统、在线学习平台、社交媒体等多种渠道，收集学生的学习行为数据、兴趣偏好数据等。

②数据预处理：包括数据清洗（去除噪声、冗余和错误数据）、数据集成（合并多个数据源的数据）、数据变换（规范化、标准化或降维处理）等步骤，以提高数据分析的准确性和效率。

2. 用户建模

用户建模是个性化推荐的基础，它是根据用户的历史行为、兴趣偏好等数据，构建用户的兴趣模型、知识模型等。这些模型用于描述用户的特征和需求，为推荐算法提供依据。

3. 个性化推荐算法

个性化推荐算法是核心，它是根据用户模型和资源库中的学习资源，计算用户与资源之间的相似度或匹配度，并据此进行推荐。常见的个性化推荐算法包括以下三种：

①协同过滤：基于用户或物品之间的相似性进行推荐。例如，根据与目标用户相似的其他用户的行为来推荐学习资源。

②基于内容的推荐：根据学习资源的内容特征与用户兴趣模型的匹配程度进行推荐。例如，根据用户的兴趣偏好推荐相似主题或知识点的学习资源。

③混合推荐：结合多种推荐算法的优点进行推荐。例如，先通过协同过滤找到一批候选资源，再结合基于内容的推荐进行精细化排序。

4. 资源推送与反馈机制

①资源推送：将推荐结果以适当的方式推送给用户，如通过邮件、短信、App 推送通知等方式。推送时还需考虑时间、频率等因素，以避免打扰用户。

②反馈机制：建立用户反馈机制，收集用户对推荐结果的满意度、使用效果等反馈信息。这些反馈信息可用于优化推荐算法和模型，以提高推荐的准确性和个性化程度。

（三）实施步骤

1. 需求分析

明确个性化学习资源的推荐与推送的目标和需求，包括用户群体、学习场景、资源类型等。

2. 系统设计

根据需求分析结果，设计个性化学习资源推荐与推送系统的整体架构和功能模块，包括数据采集模块、预处理模块、用户建模模块、推荐算法模块、资源推送模块和反馈机制模块等。

3. 数据采集与预处理

按照系统设计要求，采集相关的学习行为数据和兴趣偏好数据，并进行预处理操作，应确保数据的准确性和可用性。

4. 用户建模

利用预处理后的数据构建用户模型，包括兴趣模型、知识模型等。这些模型应能够准确描述用户的特征和需求。

5. 推荐算法的实现

根据用户模型和资源库中的学习资源，实现个性化推荐算法。通过对算法的优化和调整，提高推荐的准确性和个性化程度。

6. 资源推送与效果评估

将推荐结果推送给用户，并收集用户反馈。再根据用户反馈和推荐效果评估结果，对推荐算法和模型进行迭代和优化。

（四）效果评估

个性化学习资源的推荐与推送效果评估是重要环节，用于评估推荐结果的准确性和个性化程度以及用户满意度等。常见的评估指标包括以下四个：

①准确率：推荐结果中用户真正感兴趣或需要的资源所占的比例。

②召回率：用户真正感兴趣或需要的资源在推荐结果中所占的比例。

③覆盖率：推荐结果覆盖的资源种类或数量占资源库总量的比例。

④用户满意度：用户对推荐结果的满意度和接受程度。

教师通过这些评估指标可以全面了解推荐系统的性能和效果，为后续的优化和改进提供依据。

（五）未来展望

随着大数据、人工智能等技术的不断发展，个性化学习资源的推荐与推送将呈现以下发展趋势：

1. 智能化程度更高

通过引入更先进的算法和技术，如深度学习、强化学习等，提高推荐的智能化程度。使推荐系统能够更准确地理解用户的需求和偏好，提供更符合用户个性化需求的学习资源。

2. 实时性更强

随着实时数据处理技术的发展，推荐系统能够更快速地响应用户的需求变化。通过实时跟踪用户的学习行为和兴趣偏好变化，动态调整推荐策略和资源列表，提高推荐的实时性和准确性。

3. 跨平台融合

未来的个性化学习资源推荐与推送系统将实现跨平台融合。无论是 PC 端、移动端还是其他智能设备，都能无缝接入推荐系统，享受个性化的学习资源服务。同时，不同平台之间的数据也将实现互通共享，进一步提高推荐的准确性和个性化程度。

4. 多样化资源推荐

随着教育资源的不断丰富和多样化，未来的个性化学习资源推荐系统将能够提供更加多样化的资源推荐，包括文本、视频、音频、虚拟仿真等多种形式的学习资源，以满足用户不同的学习需求和偏好。

5. 更加注重用户隐私保护

在个性化学习资源推荐与推送的过程中，将更加注重用户隐私保护。通过加强数据加密、脱敏等安全措施，保障用户数据的安全性和隐私性。同时，建立健全的用户授权和同意机制，确保在合法合规的前提下进行数据采集和使用。

个性化学习资源的推荐与推送是一个复杂而系统的过程，基于学习理论、信息推送技术和个性化推荐算法等多个理论基础和关键技术。通过实施需求分析、系统设计、数据采集与预处理、用户建模、推荐算法实现和资源推送与效果评估等步骤，可以构建出高效、准确的个性化学习资源推荐与推送系统。未来随着技术的不断发展和教育理念的更新，个性化学习资源推荐与推送将在教育领域发挥更加重要的作用。

第三节　虚拟仿真实训系统的应用

一、虚拟仿真实训技术的原理与优势

近年来，虚拟仿真实训技术作为一种先进的教育和培训手段，在多个领域得到了广泛应用。它利用计算机技术和虚拟现实（VR）技术，模拟真实的场景和情境，为用户提供高度仿真、可交互的实践环境。

（一）虚拟仿真实训技术的原理

虚拟仿真实训技术的核心原理在于通过计算机技术和虚拟现实技术，构建一个与真实世界相似的虚拟环境，使用户能够在其中进行各种模拟操作和实践。这一过程通常包括以下四个关键步骤：

1. 建模与渲染

建模是虚拟仿真实训的第一步，它涉及对真实世界中的物体、环境和过程进行数字化表示。通过三维建模技术，将实验对象、设备、场景等转化为计算机可处理的数据模型。这些模型包含了物体的形状、结构、材质、纹理等详细信息，能够真实再现物体的外观与特性。

渲染则是将建模得到的数据转化为用户能够看到的图像和动画的过程。通过先进的图形渲染技术，可以模拟出真实的光照效果、阴影、反射等视觉特性，使得虚拟环境更加逼真。同时，渲染技术还能够优化图像的显示效果，提高用户的视觉体验。

2. 物理模拟

在虚拟环境中，物体需要遵循物理规律进行运动和变化。因此，物理模拟是虚拟仿真实训技术的重要组成部分。通过数学模型和算法，可以模拟物体的运动轨迹、碰撞反应、力学效应等物理现象。因此，用户在虚拟环境中进行的

操作就会具有物理真实性，能够模拟出真实的实验现象和结果。

3. 交互与控制

虚拟仿真技术为用户提供与虚拟环境进行交互的能力。用户可以通过输入设备（如鼠标、键盘、手柄、VR头盔等）与虚拟环境中的物体进行互动，执行各种操作和任务。同时，虚拟环境也会根据用户的操作做出响应和进行反馈，实现实验场景的交互性与可控性。这种交互性使得用户能够更加深入地了解实验的过程和原理，提高学习效果。

4. 反馈与评估

虚拟仿真实训技术还能够提供实时的反馈和评估机制。通过监测用户的操作和实验数据，系统可以实时给出实验结果、评估实验质量，并提供相应的反馈信息。这些反馈信息有助于用户及时发现和纠正错误，改进实验技能和方法。同时，系统还可以根据用户的表现和进度进行个性化的推荐与指导，提高用户学习的针对性和有效性。

（二）虚拟仿真实训技术的优势

虚拟仿真实训技术相比传统实训方式具有诸多优势，这些优势使得它在教育、培训、科研等领域得到了广泛的应用。

1. 高度仿真性

虚拟仿真实训技术能够模拟真实的工作环境和场景，为用户提供身临其境的实践体验。这种高度仿真性使得用户在虚拟环境中能够进行与真实世界相似的实践操作，从而加深其对知识的理解和应用。例如，在医学领域，虚拟仿真实训技术可以模拟手术过程、药物反应等真实场景，帮助医学生提高临床技能和应对能力。

2. 交互性

虚拟仿真实训技术允许用户根据自己的学习进度和兴趣进行个性化学习。用户可以与虚拟环境进行交互，执行任务、操作设备，并观察系统对他们的反馈。这种交互性不仅能够激发学生的学习兴趣和好奇心，还能够提高他们的学习主动性与积极性。同时，用户还可以根据自己的需要调整实验参数和条件，进行多次尝试和探索，从而更好地掌握实验技能和知识。

3. 可重复性

虚拟仿真实训具有可重复性，用户可以随时随地进行学习和实践，不受时间和空间的限制。这种可重复性使得学生能够反复练习和巩固所学知识，提高学习效果。同时，对于复杂的实验或操作过程，用户可以通过多次模拟来熟悉和掌握其中的关键步骤和技巧，从而提高自己的实践能力与技能水平。

4. 降低实训成本

传统实训方式往往需要投入大量的人力、物力和财力来准备实验设备和材料，而虚拟仿真实训可以替代部分高成本、高风险的实地实训，为学校和企业节省大量的经费。此外，虚拟仿真实训还可以避免实验过程中可能出现的意外和事故风险，保障学生和员工的安全。

5. 提高安全性

在一些高风险或危险的实验和操作中，如化工实验、飞行训练等，传统实训方式可能存在较大的安全隐患，而虚拟仿真实训技术则可以提供安全的实践环境，避免实际操作中可能存在的安全风险。用户可以在虚拟环境中进行各种模拟操作和实践，无须担心实验失败或意外事故的发生。

6. 灵活性

虚拟仿真实训技术可以随时随地进行学习和实践，不受时间和空间的限制。用户只需具备相应的计算机设备和网络环境，就可以进行学习和实践。这种灵活性使得用户可以根据自己的时间和进度安排学习计划，提高了学习的灵活性和效率。

7. 可扩展性

虚拟仿真实训技术可以根据需要进行升级和扩展，以满足不同学科和领域的教学需求。随着计算机技术和虚拟现实技术的不断发展，虚拟仿真实训系统的功能和性能也将不断地提升和完善。同时，用户还可以根据自己的需求和兴趣定制个性化的虚拟实训内容和场景，以提高学习的针对性与有效性。

8.提升学习兴趣和效果

在虚拟环境中进行实践操作能够让学生感受到学习的乐趣和价值,从而更加积极地投入到学习中去。同时,虚拟仿真实训技术通过模拟真实场景和情境进行实践操作,能够帮助学生更好地理解实验原理和过程,提高学生的学习效果和学习成绩。此外,虚拟仿真实训技术还可以为学生提供更多实践机会和挑战性任务,激发他们的创新思维和创造力。

虚拟仿真实训技术通过高度仿真性、交互性、可重复性,降低实训成本和提高安全性、灵活性、可扩展性,以及提升学生的学习兴趣和效果等优势,在教育、培训、科研等领域得到了广泛的应用。随着计算机技术和虚拟现实技术的不断发展,以及教育理念的不断更新和完善,虚拟仿真实训技术将在未来发挥更加重要的作用和价值。

二、虚拟仿真实训技术在职业教育中的应用案例

虚拟仿真实训技术在职业教育中的应用日益广泛,为传统教学模式带来了革命性的变革。该技术通过模拟真实的工作环境和场景,为学生提供高度仿真、可交互的实践环境,有效地解决了职业教育中存在的实训成本高、安全风险高、教学资源有限等问题。以下内容将结合多个具体案例,详细阐述虚拟仿真实训技术在职业教育中的应用。

(一)护理虚拟仿真实训基地建设

护理是一门实践性很强的学科,学生需要反复操作实践才能掌握熟练的护理技能。然而,在实际教学中,护理实践教学面临着高端仪器设备投入高、高频使用设备损耗大、侵入性操作风险高,以及手术等特殊临床场景难实施难观摩、灾难事故难再现等"三高三难"问题,这些问题严重影响了护理实践教学的效果和人才培养的质量。

湖北职业技术学院与某公司合作建设了护理虚拟仿真实训基地,并于2021年入选教育部职业教育示范性虚拟仿真实训基地培育项目。该基地通过引入虚拟仿真技术,有效地破解了护理实践教学中的"三高三难"问题。

基地建有 62 款模块化虚拟仿真实训软件,覆盖了灾难救护、平产接生、新生儿窒息急救等多种护理场景。利用三维图形技术、多媒体技术、仿真技术以及传感与显示技术,构建了高度逼真的虚拟实验环境。学生通过佩戴 VR 头盔和手柄等交互设备,能够身临其境地参与到各种护理实践中。基地的建设和应用经验被教育部科技发展中心收录为典型案例,并在全国范围内进行了推广和应用。

(二)VR 虚拟仿真实验室在化学教学中的应用

化学实验教学是化学教学中的重要组成部分。传统实验教学存在安全隐患大、实验条件受限、教学资源有限等问题,VR 虚拟仿真实验室的出现为化学实验教学提供了新的解决方案。

2024 年,随着科技的飞速发展,VR 虚拟仿真实验室在化学教学中的应用日益广泛。通过构建高度逼真的虚拟实验环境,学生可以在安全、无限制的环境中进行各种化学实验和观察。利用三维图形技术创建真实的实验场景和设备模型,通过仿真技术准确模拟化学反应过程和现象,学生通过佩戴 VR 设备即可参与实验,实现与虚拟环境的交互和反馈。通过反复练习和模拟操作,学生的实验技能和创新能力得到了显著的提升。

(三)BIM 可视化虚拟仿真技术在工程造价专业中的应用

工程造价专业在实训过程中面临着高投入、高损耗、高风险,以及难实现、难观摩、难再现的"三高三难"问题,而 BIM 可视化虚拟仿真技术的引入为工程造价专业的实训教学提供了新的思路和方法。

河南经贸职业学院依托 BIM 可视化虚拟仿真技术,实现了将校园高精度 BIM 孪生模型与实际建筑有机融合的虚实一体实训资源建设。即利用 BIM 技术进行校园建筑物的三维建模工作,构建高精度 BIM 孪生模型。再将 BIM 模型与虚拟仿真技术相结合,创建虚实一体的实训资源。学生通过虚拟环境即可进行工程造价的模拟计算、施工图绘制等实训操作。BIM 技术的引入和应用,推动了工程造价专业在教学模式、产教融合、师资队伍建设等方面的系统性变革。

（四）虚拟仿真实训技术在其他职业教育领域的应用

除了上述案例外，虚拟仿真实训技术在其他职业教育领域也有广泛应用。例如，机械制造专业：通过虚拟仿真技术模拟机械加工过程和设备操作，提高学生的实践能力与技能水平。电子信息技术专业：利用虚拟仿真实训技术构建电路实验环境，进行电路设计和调试实验，培养学生的创新能力和实践能力。

虚拟仿真实训技术在职业教育中的应用案例表明，该技术具有高度的仿真性、交互性、可重复性和可扩展性等优势，能够有效地解决传统实训教学中的诸多问题。随着科技的不断进步和教育理念的更新，虚拟仿真实训技术将在职业教育中发挥更加重要的作用。未来，我们可以期待更多创新性的应用案例出现，为职业教育的发展注入新的活力。同时，也需要加强相关技术的研发和推广工作，提高虚拟仿真实训技术的普及率和应用效果。

第四章　职业教育管理与服务的数字化转型

第一节　数字化管理系统的构建

一、高职院校信息化业务系统的数字化

高职院校信息化业务系统的数字化是一个复杂而系统的工程，涉及学校的教学、管理、科研、服务等多个方面的全面转型与升级。

（一）数字化建设的背景

在当前信息化高速发展的时代，高职院校作为培养高素质技术技能人才的重要基地，既面临着前所未有的挑战，也存在大量的机遇。随着《中国教育现代化 2035》等文件的发布和《职业院校数字校园规范》等标准的出台，高职院校信息化业务系统的数字化建设已成为提升学校核心竞争力和实现教育现代化的重要途径。

（二）数字化建设的目标

高职院校信息化业务系统的数字化建设旨在通过应用现代信息技术，对学校的教学、管理、科研、服务等业务进行全面数字化改造，实现业务流程的优化、信息资源的整合与共享、管理决策的科学化，以及服务质量的提升。具体目标包括以下四个：

1. 提升教学效率与质量

通过数字化手段创新教学模式,实现个性化教学、精准教学,提高学生的学习兴趣和自主学习能力。

2. 优化管理流程

通过信息化业务系统实现管理流程的自动化、智能化,减少人工操作,提高工作效率。

3. 促进科研创新

为科研人员提供丰富的数据资源和强大的数据分析工具,支持科研项目的立项、实施、评估等全过程管理。

4. 提升服务水平

通过一站式服务平台、移动应用等方式,为师生提供便捷、高效的信息服务。

(三)数字化建设的主要内容

高职院校信息化业务系统的数字化建设主要包括以下四个方面:

1. 基础设施建设

①网络基础设施:构建高速、稳定、安全的校园网络,实现有线网络、无线网络、5G 网络的全覆盖,为各类信息化应用提供坚实的网络支持。

②数据中心:建设高性能的数据中心,实现数据资源的集中存储、管理和备份,为各类业务系统提供可靠的数据支持。

③智慧教室:建设智慧教室,配备先进的多媒体教学设备,实现课堂教学的数字化、智能化。

2. 业务系统建设

①教务管理系统:实现课程管理、教学计划、成绩管理、学籍管理等教务工作的数字化管理,提高工作效率和准确性。

②学生管理系统:实现学生信息管理、日常行为管理、奖助学金管理、就业指导等学生工作的数字化管理,为学生提供个性化服务。

③财务管理系统:实现预算编制、收支管理、资产管理等财务工作的数字

化管理，提高财务管理水平。

④科研管理系统：实现项目申报、实施、结题、成果管理等科研工作的数字化管理，支持科研创新。

⑤一站式服务平台：整合各类业务系统资源，提供统一的服务入口，实现师生日常业务的线上办理和查询。

3. 数据资源的整合与共享

①数据标准制定：制定统一的数据标准和规范，确保各业务系统之间数据的互联互通和有效整合。

②数据资源整合：通过数据中台等技术手段，实现多源异构数据的汇聚、清洗、共享和管控，消除信息孤岛。

③数据分析与决策支持：运用大数据分析技术，对海量数据进行深入挖掘和分析，为学校管理决策提供科学依据。

4. 安全保障体系建设

①网络安全防护：构建多层次的网络安全防护体系，确保校园网络和数据资源的安全。

②数据安全管理：加强数据安全管理，制定数据分类分级保护制度，确保敏感数据不被泄露。

③应急响应机制：建立应急响应机制，对网络安全事件进行快速的响应和处置。

（四）数字化建设的实施策略

1. 统筹规划，分步实施

高职院校应结合自身实际情况，制订信息化业务系统数字化建设的总体规划，明确建设目标和任务，分阶段、分步骤地推进实施。

2. 资源整合，协同推进

加强校内各部门之间的沟通协调，整合现有资源，避免重复建设。同时，积极引入外部优质资源和技术力量，形成合力推进数字化建设。

3. 人才培养，技术支撑

加强信息化人才队伍建设，培养一批懂技术、会管理的复合型人才。同时，加强技术研发和创新，为数字化建设提供强有力的技术支撑。

4. 持续优化，注重实效

在数字化建设过程中，要注重实际效果和用户反馈，不断地优化业务流程和用户体验。同时，要加强运维管理和服务保障工作，确保业务系统的稳定运行和持续发展。

（五）数字化建设的成功案例

在高职院校信息化业务系统的数字化建设中，教务管理和学生管理是两个至关重要的领域。在此分别列举一个案例，以展示这两个领域内的数字化实践。

1. 教务管理案例：南通职业大学

（1）案例背景。

南通职业大学作为全国职业院校数字校园建设试点单位，积极推动教育基础设施的迭代升级和教务管理系统的数字化改造。

（2）主要举措。

①智能交互教室与智慧实训室建设：学校投入大量资金，建设了智能交互教室和智慧实训室，并通过引入先进的多媒体教学设备和虚拟仿真技术，为师生提供了沉浸式的教学环境。这些设施不仅提高了教学效率，还促进了教学模式的创新。

②教务管理系统优化：学校对教务管理系统进行了全面升级，实现了课程管理、教学计划、成绩管理、学籍管理等各项工作的数字化管理。通过系统自动化处理，减少了人工操作，提高了工作效率和准确性。同时，系统还提供了丰富的数据分析功能，以帮助学校管理层更好地了解教学情况，做出科学决策。

③线上线下混合式教学：学校利用"职教通""学习通""智慧职教"等平台，开展线上线下混合式教学。这种教学模式打破了时间和空间的限制，使学生可以随时随地进行学习。同时，教师也可以通过平台发布作业、批改作业、

进行在线答疑等，提高了教学的互动性和灵活性。

（3）成效。

数字化建设提高了教学效率和质量，促进了教学模式的创新；减少了人工操作，提高了工作效率和准确性；为学校管理层提供了丰富的数据分析支持，有助于科学决策。

2.学生管理案例：鹤壁职业技术学院

（1）案例背景。

鹤壁职业技术学院作为教育部第一批职业院校数字校园建设试点院校，高度重视学生管理工作的数字化建设。

（2）主要举措。

①一站式服务平台建设：学校整合了各类学生管理资源，建设了一站式服务平台。该平台提供了学生信息管理、日常行为管理、奖助学金管理、就业指导等一站式服务。学生通过平台就可以完成个人信息查询、在线申请奖助学金、预约就业指导等操作，为学生提供了极大的便利。

②数据驱动的学生管理：学校通过数据分析技术，对学生行为数据进行深入的挖掘和分析。通过构建学生行为大数据分析平台，学校能够全面了解学生的生活状态和学习情况，为学生管理工作提供科学依据。例如，利用聚类算法对学生的行为数据进行聚类挖掘，可以发现学生群体中的异常行为，并给管理人员推送预警信息。

③敏捷响应机制：学校建立了敏捷响应机制，对学生反馈的问题能够进行快速处理和回复。通过成立专项工作组，明确各部门的职责和流程，以确保学生问题能够得到及时有效的解决。同时，学校还利用数据看板功能，定期发布数据分析统计结果，督导各部门的工作进展。

（3）成效。

数字化建设提高了学生管理工作的效率和准确性，实现了学生信息的全面管理与个性化服务。数据分析技术为学生管理工作提供了科学依据和决策支持。

这两个案例分别展示了高职院校在教务管理和学生管理方面的数字化实践。通过引入先进的信息技术和数字化手段，高职院校可以显著提升管理效率和服务质量，为师生提供更加便捷、高效、个性化的服务。

（六）数字化建设的成效与展望

通过数字化建设，高职院校可以显著提升教学效率与质量、优化管理流程、促进科研创新、提升服务水平。同时，数字化建设还可以为学校带来显著的经济效益和社会效益。例如，通过智慧教室的建设和应用，可以节省大量的人力、物力成本；通过一站式服务平台的推广使用，可以提高师生的满意度和获得感；等等。

随着现代信息技术的不断进步和应用的不断深入，高职院校信息化业务系统的数字化建设将不断地向更高层次、更广领域拓展。未来，高职院校可以进一步探索人工智能、物联网等新技术在教育教学中的应用；加强与国际先进教育机构的交流与合作；推动数字化建设与学校发展战略深度融合；等等。通过这些努力，高职院校将会不断地提升自身的核心竞争力和综合实力，为培养更多高素质技术技能人才、服务经济社会发展做出更大的贡献。

二、跨部门数据共享与协同办公

跨部门数据共享与协同办公在当前信息化高速发展的背景下，已成为企业和组织提升运营效率、优化资源配置、促进创新发展的重要手段。然而，在这一过程中也面临着诸多挑战与困境。

（一）跨部门数据共享与协同办公的现状

1. 信息化基础设施建设不断完善

随着信息技术的飞速发展，企业和组织纷纷加大投入，建设和完善信息化基础设施。高速网络、云计算平台、大数据中心等基础设施的普及，为跨部门数据共享与协同办公提供了坚实的基础。

2. 数字化业务系统广泛应用

在企业和组织中，各类数字化业务系统如ERP（企业资源计划）、CRM（客户关系管理）、HRM（人力资源管理）等得到了广泛应用。这些系统不仅提高了内部管理的效率，也为跨部门数据共享提供了丰富的数据源。

3. 协同办公工具日益丰富

为满足跨部门协同办公的需求，市场上涌现出众多协同办公工具。这些工具不仅支持即时通信、文件共享、任务分配等功能，还提供了丰富的协同办公应用场景，如在线会议、项目管理、知识管理等。

（二）跨部门数据共享与协同办公面临的困境

1. 数据格式与标准不统一

不同部门、不同系统间数据格式和标准存在差异，导致数据共享时出现兼容性问题。这不仅增加了数据转换和整合的难度，也影响了数据共享的效率和质量。

2. 数据安全与隐私保护问题

在跨部门数据共享过程中，如何确保数据的安全性和隐私保护是一个重要的问题。数据泄露、非法访问等风险时刻存在，给企业和组织带来了潜在的安全隐患。

3. 信息壁垒与沟通障碍

各部门间往往存在信息壁垒和沟通障碍，导致数据共享不及时、不准确。这可能是由各部门间利益冲突、沟通渠道不畅、信息共享机制不健全等造成的。

4. 缺乏统一的数据管理机制

没有统一的数据管理机制，各部门在数据共享时容易出现各自为政、重复建设的情况。这不仅浪费了资源，也降低了数据共享的效果和效率。

5. 技术和人才瓶颈

要实现跨部门数据共享与协同办公，需要先进的技术和人才支持。然而，许多企业和组织在这方面存在短板，缺乏专业的技术人才和成熟的解决方案。

（三）跨部门数据共享与协同办公面临的困境的解决方法

1. 制定统一的数据格式和标准

企业或组织应建立数据治理委员会，负责制定和推广统一的数据格式和标准。通过制定数据字典、数据模型等规范文件，明确数据的定义、格式、编码规则等要求，确保各部门间数据的互联互通和有效整合。

2. 加强数据安全与隐私保护

在数据共享过程中，应采取加密技术、访问控制等措施，确保数据的安全性和隐私得到保护。同时，建立健全的隐私政策和使用协议，明确数据使用和共享的规则与限制。此外，还应对数据进行定期备份和恢复测试，以确保数据的安全和可靠。

3. 建立统一的数据管理机制

企业或组织应建立统一的数据管理机制，包括数据的采集、存储、处理和分析等环节。通过建立数据仓库、数据湖等基础设施，实现数据的集中管理和共享。同时，建立统一的数据管理流程和规范，以确保数据的质量和一致性。

4. 加强跨部门沟通与协作

为解决信息壁垒和沟通障碍问题，企业应加强跨部门沟通与协作。通过定期召开跨部门会议、建立跨部门通信群组等方式，促进部门间的信息共享和交流。同时，明确各部门的职责和角色定位，建立清晰的责任机制和工作流程，确保数据共享的顺利进行。

5. 引入先进的技术和人才

为实现跨部门数据共享与协同办公，企业或组织应引入先进的技术和人才。这可以通过与专业机构合作、招聘具备相关技能的人才等方式实现。同时，加强内部培训和技术支持，提升员工的数字化素养和协同办公能力。

（四）跨部门数据共享与协同办公的具体案例

1. 某大型制造企业跨部门数据共享案例

某大型制造企业拥有多个生产部门和业务部门，各部门间数据共享需求迫切。然而，由于数据格式和标准不统一、信息壁垒严重等问题，数据共享的效率低下。为此，该企业采用了以下方法进行解决：

①制定统一的数据格式和标准：企业成立了数据治理委员会，制定了统一的数据字典和数据模型规范文件，明确了各部门间数据的定义、格式和编码规则等要求。

②建设统一的数据平台：企业引入先进的数据仓库和数据湖技术，建设了统一的数据平台。该平台实现了各部门数据的集中存储和共享，并通过数据接口与各部门业务系统进行对接。

③加强数据安全与隐私保护：企业采用加密技术和访问控制措施，确保了数据在共享过程中的安全性和隐私保护。同时，建立了完善的数据备份和恢复机制，以确保数据的可靠性。

④建立跨部门沟通与协作机制：企业通过定期召开跨部门会议和建立跨部门通信群组等方式，促进各部门间的信息共享和交流。同时，明确各部门的职责和角色定位，建立了清晰的责任机制和工作流程。

通过实施以上解决方案，该企业成功地打破了各部门间的信息壁垒和数据孤岛现象，实现了数据的快速共享和有效利用。这不仅提高了企业的运营效率和管理水平，也为企业的创新发展提供了有力的支持。

2. 某高校跨部门协同办公案例

某高校拥有多个学院和部门，日常管理和教学科研任务繁重。由于存在各部门间沟通不畅、信息共享不及时等问题，工作效率低下。为此，该高校采用了以下方法进行解决：

①建设统一的协同办公平台：高校引入先进的协同办公系统，建设了统一的协同办公平台。该平台支持即时通信、文件共享、任务分配等功能，为各部门提供了便捷的协同办公工具。

②建立跨部门沟通渠道：高校建立了跨部门通信群组和定期会议制度，促进了各部门间的信息共享和交流。通过这些渠道，各部门可以及时了解彼此的工作进展和需求，共同解决问题。

③明确职责和角色定位：高校对各部门的职责和角色进行了明确的界定，建立了清晰的责任机制和工作流程。这有助于减少各部门间的推诿和扯皮现象，提高了工作效率。

④加强培训和技术支持：高校为各部门员工提供了协同办公系统的培训和技术支持服务。通过培训和技术支持，员工可以熟练掌握系统的使用方法和使

用技巧，提高了协同办公的效率和质量。

通过实施以上解决方案，该高校成功地实现了跨部门协同办公的目标。各部门间的沟通更加顺畅，信息共享更加及时准确，工作效率得到了显著的提升。同时，协同办公系统的应用也为高校的管理和教学科研工作提供了有力的支持。

跨部门数据共享与协同办公是当前企业和组织面临的重要课题。通过制定统一的数据格式和标准、加强数据安全与隐私保护、建立统一的数据管理机制、加强跨部门沟通与协作以及引入先进的技术和人才等措施，可以有效地解决跨部门数据共享与协同办公中面临的困境和存在的问题。同时，具体案例的实践证明，这些措施在实际应用中取得了显著的成效。

第二节 智慧校园的建设

一、智慧校园建设的概念与特征

高职院校智慧校园建设是当前教育信息化发展的重要方向，旨在通过先进的信息技术手段，提升校园管理效率、优化教育资源配置、促进教学模式创新，为师生提供更加便捷、高效、个性化的服务。

（一）高职院校智慧校园建设的概念

高职院校智慧校园建设是指依托物联网、云计算、大数据、人工智能等新一代信息技术，将教学、科研、管理、生活服务等所有校园活动整合成一个有机整体，实现环境、资源及活动的数字化、智能化和可视化，构建一个以人为本、全时空的智慧型现代校园。这一建设过程不仅涉及基础设施的升级和改造，还包括业务流程的重组和优化，以及师生信息素养的提升。

（二）高职院校智慧校园的特征

1. 智能化

高职院校智慧校园通过运用物联网、大数据、人工智能等技术，实现对校园内各类资源的智能感知和自动化管理。例如，智能安防系统能够实时监测校园安全状况；智能照明系统则能根据环境光线自动调节亮度，以提高能源利用效率。此外，智慧校园还支持智能教学环境的构建，如智慧教室、智慧实验室等，通过智能教学平台、虚拟现实/增强现实技术等工具，促进教学模式的创新和个性化学习。

2. 数字化

高职院校智慧校园构建数字化的校园环境，实现了教学、科研、管理、生活等各个领域的信息化。通过建设数字化教室、数字化图书馆、数字化实验室等基础设施，以及开发各类信息化应用系统，如教务管理系统、学生管理系统、科研管理系统等，实现信息的快速传递和共享。这有助于打破信息孤岛，提高信息的利用效率，为师生提供更加便捷的服务。

3. 人本化

高职院校智慧校园坚持以人为本的理念，注重师生的需求和体验。通过提供个性化、便捷化的学习、教学、管理与生活服务，满足不同师生的多样化需求。例如，智慧校园可以根据学生的学习进度和兴趣爱好推荐个性化的学习资源；教师可以通过智能教学平台实现教学内容的精准推送和教学效果的实时反馈；学生可以通过手机 App 随时查看课程表、成绩、图书馆借阅情况等信息。

4. 协同化

高职院校智慧校园内部各要素之间形成深度协同与融合，打破传统的信息孤岛现象，实现资源的有效共享、业务流程的优化以及跨部门、跨领域的协同工作。例如，在教学方面，智慧校园可以支持教师之间的协作备课、学生之间的协作学习；在管理方面，智慧校园可以实现各部门之间的信息共享和协同办公，提高工作效率。

5. 自主学习与进化

高职院校智慧校园被视为一个有机生命体，具备智能思考、学习与自我校正能力。通过持续的数据收集、分析与反馈，校园系统能够适应变化，按需调整，提升应对不确定性与风险的能力。例如，智慧校园可以根据学生的学习行为和效果进行智能分析，为师生提供个性化的学习建议和教学方案；也可以根据校园管理的实际情况进行流程优化和制度调整。

二、智慧校园建设在提升管理与服务效率中的作用

在当今教育信息化快速发展的时代背景下，高职院校智慧校园建设已成为提升校园管理与服务效率的重要手段。通过整合物联网、大数据、云计算、人工智能等先进技术，智慧校园不仅改变了传统的管理与服务模式，还极大地提高了工作效率，为师生提供了更加便捷、高效、个性化的服务。

（一）智慧校园在提升管理效率中的作用

1. 智能化管理系统的应用

智慧校园通过引入智能化管理系统，实现了对校园内各类资源的高效整合与精细化管理。这些系统包括但不限于校园一卡通系统、智能安防系统、智能照明系统、智能考勤系统等。例如，校园一卡通系统不仅方便了学生和教职工的日常生活（如食堂就餐、图书借阅、门禁出入等），还实现了对消费记录的实时监控和数据分析，有助于财务管理部门更加精准地掌握资金流动的情况。智能安防系统则通过视频监控、人脸识别等技术手段，实现了对校园安全状况的全方位监控和预警，有效地降低了安全风险。

2. 大数据驱动的决策支持

智慧校园建设过程中积累了大量的数据资源，包括教学数据、管理数据、生活数据等。通过对这些数据进行深度挖掘和分析，可以为学校的决策提供有力的支持。例如，教务处可以通过分析学生的学习成绩和出勤情况，及时调整教学计划和课程设置；后勤部门则可以通过分析能源使用数据，优化能源配置和节能减排的措施。大数据驱动的决策支持不仅提高了决策的科学性和准确性，还降低了决策成本和时间成本。

3. 业务流程的优化与再造

智慧校园建设促进了校园内部业务流程的优化与再造。通过引入信息化手段，实现了业务流程的自动化和智能化处理，减少了人工干预和纸质流转环节，

提高了工作效率。例如，学生请假可以通过线上系统完成申请、审批和反馈流程，无须再到相关部门排队等待；教职工的绩效考核也可以通过系统自动生成数据报表和分析结果，减少了人工统计和核算的工作量。

4. 部门间的协同与信息共享

智慧校园建设打破了部门之间的信息壁垒，实现了各部门间的协同与信息共享。通过建设统一的信息化平台和数据交换中心，各部门可以实时获取所需的信息资源，提高了信息利用效率和工作协同性。例如，教务处与图书馆可以共享学生选课和借阅信息，以便更好地为学生提供服务；人事部门与财务部门可以共享教职工的薪资和福利信息，以便更好地进行财务管理和薪资、福利发放工作。

（二）智慧校园在提升服务效率中的作用

1. 个性化服务的提供

智慧校园建设为师生提供了更加个性化的服务。例如，学生可以通过手机 App 查询个人课表、成绩、图书馆借阅情况等信息；教师可以通过教学平台获取学生的学习进度和反馈情况，以便及时调整教学策略。此外，智慧校园还可以根据师生的兴趣爱好和需求，推荐个性化的学习资源和服务项目，如在线课程、讲座、活动等。

2. 便捷化的生活服务

智慧校园建设提升了师生在校园内的生活便捷性。通过引入智能设备和服务系统，智慧校园实现了对生活服务设施的智能化管理和优化。例如，智慧食堂系统可以让学生通过刷脸或扫码完成点餐、支付和取餐等操作，减少了排队等待的时间；智能洗衣房则可以通过手机 App 预约洗衣时间和服务项目，提高了洗衣效率。

3. 高效化的教学服务

智慧校园建设促进了教学模式的创新和教学质量的提升。通过引入多媒体教学、在线教学等新型教学方式，智慧校园实现了教学内容的多样化和教学方式的灵活化。例如，教师可以通过教学平台发布课程资料、布置作业和进行在线答疑；学生则可以通过平台获取学习资源、参与讨论和提交作业。此外，智慧校园还提供了虚拟仿真实验室、远程实训等教学服务项目，为学生提供了更加丰富和真实的实践体验。

4. 精准化的就业服务

智慧校园建设有助于提升就业服务的精准性和有效性。通过引入就业信息服务平台和数据分析技术，学校可以实时掌握就业市场动态和用人单位需求信息，为毕业生提供更加精准的就业指导和服务。例如，学校可以通过平台发布招聘信息、组织线上招聘会等；同时，还可以通过数据分析技术为毕业生推荐合适的就业岗位和职业发展路径。

第三节　数字化教学评价体系的建立

一、基于数据的教学评价机制的构建

高职院校基于数据的教学评价机制构建是一个复杂而系统的工程，旨在通过收集、分析教学过程中的各类数据，为教学评价提供客观、全面、精准的依据，进而推动教学质量的持续提升。

（一）构建原则

1. 科学性原则

教学评价机制的构建必须遵循教育科学的基本原理和方法，确保评价指标体系的设计、数据的收集与分析等各个环节都具有科学性和合理性。同时，要充分考虑高职院校的实际情况和特色，确保评价机制能够真实地反映教学水平和质量。

2. 全面性原则

教学评价应涵盖教学的全过程和各个方面，包括教学目标、教学内容、教学方法、教学态度、教学效果等。通过全面收集和分析相关数据，形成对教学

质量的多维度、多层次评价。

3. 客观性原则

教学评价应基于客观的数据和事实，避免主观臆断和偏见。通过采用先进的数据收集和分析技术，确保评价结果的客观性和准确性。

4. 可操作性原则

教学评价机制应具有可操作性和实用性，便于实施和管理。评价指标应具体明确，数据收集和分析方法应简便易行，评价结果应能够及时反馈给相关人员，以便进行有针对性的改进。

（二）构建内容

1. 评价指标体系设计

评价指标体系是教学评价机制的核心内容。高职院校应根据自身的教学目标和特色，设计科学合理的评价指标体系。一般来说，评价指标体系应包括以下五个方面：

①教学目标：评价教学目标是否明确、具体、可达成，是否符合职业教育的培养目标。

②教学内容：评价教学内容是否丰富、新颖、实用，是否符合行业需求和学生实际。

③教学方法：评价教学方法是否多样、灵活、有效，是否能够激发学生的学习兴趣和积极性。

④教学态度：评价教师的教学态度是否认真、负责、热情，是否能够与学生建立良好的师生关系。

⑤教学效果：评价教学效果是否显著，学生的学习成果是否达到了预期目标。

2. 数据收集与分析系统建设

数据收集与分析系统是教学评价机制的重要支撑。高职院校应建立完善的数据收集与分析系统，确保能够全面、准确地收集教学过程中的各类数据。具体来说，应包括以下三个方面：

①数据来源：包括学生评价、同行评价、专家评价、教学督导评价等多种渠道的数据来源。

②数据收集工具：采用问卷调查、在线评价、课堂观察、教学录像等多种方式收集数据。

③数据分析方法：运用统计分析、数据挖掘、机器学习等先进技术对数据进行分析和处理，提取有价值的信息并找出规律。

3. 反馈与改进机制建立

反馈与改进机制是教学评价机制的重要组成部分。高职院校应建立完善的反馈与改进机制，以确保评价结果能够及时、准确地反馈给相关人员，并据此进行有针对性的改进。具体来说，应包括以下四个方面：

①评价结果反馈：将评价结果以适当的方式反馈给教师、学生和教学管理部门等相关人员。

②问题诊断与分析：对评价结果进行深入分析，找出存在的问题和不足之处。

③改进措施制订：针对存在的问题和不足之处，制订具体的改进措施和计划。

④改进效果跟踪：对改进措施的实施效果进行跟踪和评估，确保问题得到有效的解决。

（三）实施步骤

1. 明确构建目标

高职院校应首先明确教学评价机制构建的目标和意义，明确评价的目的、范围、对象和标准等基本要求。

2. 设计评价指标体系

根据构建目标和高职院校的实际情况，设计科学、合理的评价指标体系，确保评价指标具有全面性、客观性、可操作性和针对性。

3. 建设数据收集与分析系统

建立完善的数据收集与分析系统，确保能够全面、准确地收集教学过程中的各类数据。同时，加强数据安全和隐私保护，确保数据的合法性和合规性。

4. 实施教学评价

按照评价指标体系和数据收集与分析系统的要求，开展教学评价工作。确保评价过程公正、公平、透明，评价结果客观、准确、可靠。

5. 反馈与改进

将评价结果及时反馈给相关人员，并据此进行有针对性的改进。同时，建立持续改进机制，不断地优化评价指标体系和数据收集与分析系统，提高教学评价的质量和效果。

（四）具体案例

1. 某高职院校基于大数据的教学评价机制构建

①某高职院校积极响应教育信息化发展趋势，基于大数据技术构建了新型的教学评价机制。通过收集和分析教学过程中的海量数据，为教学评价提供客观、全面、精准的依据。

②设计评价指标体系：该校根据职业教育的培养目标和自身特色，设计了包括教学目标、教学内容、教学方法、教学态度和教学效果在内的多维度评价指标体系。

③建设数据收集与分析系统：该校建立了完善的数据收集与分析系统，包括学生评价系统、同行评价系统、专家评价系统和教学督导评价系统等多个子系统。通过问卷调查、在线评价、课堂观察等多种方式收集数据，并运用大数据分析技术对数据进行处理和分析。

④实施教学评价：该校按照评价指标体系和数据收集与分析系统的要求，定期开展教学评价工作。评价过程公正、公平、透明，评价结果客观、准确、可靠。

反馈与改进：该校将评价结果及时反馈给教师、学生和教学管理部门等相关人员，并据此制订具体的改进措施和计划。同时，建立持续改进机制，不断地优化评价指标体系和数据收集与分析系统。

通过构建基于大数据的教学评价机制，该校实现了对教学质量的全面、客观、精准的评价。评价结果不仅为教学管理部门提供了有力的决策支持，还为教师提供了具有针对性的改进建议。同时，该机制还促进了教学资源的优化配置和教学质量的持续提升。

2. 某高职院校基于智慧课堂的教学评价机制构建

某高职院校积极探索智慧课堂建设，将信息技术与课堂教学深度融合。在此基础上，构建了基于智慧课堂的教学评价机制，通过实时收集和分析课堂教学数据，为教学评价提供新的思路和方法。

①智慧课堂建设：该校建设了智慧课堂系统，包括智能教学设备、教学管理系统和在线学习平台等多个组成部分。该校通过智能教学设备实现了课堂教学的互动化和个性化；通过教学管理系统实现了教学资源的优化配置和教学过程的精细化管理；通过在线学习平台实现了学生的自主学习和协作学习。

②实时数据收集：该校利用智慧课堂系统实时收集课堂教学过程中的各类数据，包括学生的学习行为数据、教师的教学行为数据以及课堂互动数据等。这些数据为教学评价提供了丰富的素材和依据。

③多维度评价：该校基于实时收集的数据，从多个维度对教学质量进行评价，包括学生的学习成效评价、教师的教学能力评价以及课堂互动效果评价等。通过多维度评价，全面反映教学质量和效果。

④即时反馈与调整：该校利用智慧课堂系统的即时反馈功能，将评价结果及时反馈给教师和学生。同时，根据评价结果及时调整教学的策略和方法，确保教学质量和效果的不断提升。

通过构建基于智慧课堂的教学评价机制，该校实现了对课堂教学质量的实时、全面、精准的评价。评价结果不仅为教师和学生提供了及时的反馈和指导，还为教学管理部门提供了有力的决策支持。同时，该机制还促进了教学模式的创新和教学质量的持续提升。

二、多元化教学评价方式的探索与实践

高职院校多元化教学评价方式的探索与实践，是当前教育改革的重要方向

之一。多元化教学评价旨在通过多样化的评价手段和方法，全面、客观地评估学生的学习成果和教师的教学质量，以促进学生的全面发展和教师教学质量的持续提升。

（一）多元化教学评价的背景与意义

随着高等职业教育的快速发展和生源结构的日益多元化，传统的以考试成绩为唯一评价标准的评价方式已难以满足现代职业教育的需求。单一的评价方式往往忽视了学生的个体差异和多元化发展，限制了学生的全面发展和创新能力的培养。因此，探索和实践多元化教学评价方式成为高职院校教学改革的重要课题。

1. 全面反映学生能力

多元化教学评价能够更全面地评估学生的知识掌握情况、技能应用能力、创新思维和综合素质等方面，从而更准确地反映学生的真实能力和潜力。

2. 促进学生个性化发展

多元化教学评价可以发现学生的兴趣和特长，为学生提供更加个性化的教育支持，促进学生的全面发展。

3. 提升教学质量

多元化教学评价有助于教师及时了解学生的学习情况和存在的问题，从而调整教学的策略和方法，提升教学质量。

4. 推动教学改革

多元化教学评价是推动教学改革的重要动力之一，它要求学校在教学理念、教学内容、教学方法等方面进行全面改革，以适应现代教育的发展需求。

（二）多元化教学评价的具体方式

高职院校多元化教学评价方式主要包括以下五种：

1. 课堂表现评价

课堂表现评价是多元化教学评价的重要组成部分。教师通过观察学生在课堂上的表现，如参与讨论的积极性、回答问题的准确性、团队合作的能力等，可以评价学生的学习态度、思维能力和社交能力等方面。例如，教师可以设计一些开放性问题或小组讨论环节，鼓励学生积极参与并发表自己的见解，从而评价学生的思维活跃度和团队协作能力。

2. 项目与作业评价

项目与作业评价是检验学生学习成果和实践能力的重要手段。教师通过设计具有挑战性和实用性的项目和作业，让学生在实践中展示自己的能力。评价时可以关注学生的项目完成度、创新性、实用性，以及团队协作能力等方面。例如，在机械工程专业中，可以设计一些有关机械制造或设计的项目，要求学生分组完成，并在完成后进行项目展示和答辩。通过这种方式，教师可以全面评估学生的专业技能和解决问题的能力。

3. 自我评价与同伴评价

自我评价与同伴评价是促进学生进行自我认知和反思的重要方式。教师通过引导学生对自己和同伴的学习表现进行评价，可以帮助学生更好地认识自己的优点和不足，同时促进同学之间的相互学习和交流。例如，在课程结束时，教师可以要求学生撰写自我评价报告，反思自己的学习过程和成果；同时，组织学生进行同伴评价，让学生相互评价对方的学习态度和表现。

4. 实习实训评价

实习实训是职业教育中不可或缺的一部分。教师通过实习实训评价，可以了解学生的职业素养和实际操作能力。评价时可以关注学生的实习态度、工作表现、技能掌握情况以及团队协作能力等方面。例如，在酒店管理专业的实习中，可以通过实习单位的反馈和实习生的自我评价来评估其实习表现；同时，还可以组织学生进行实习成果展示和答辩，以全面评估其实习效果。

5. 增值评价

增值评价是一种关注学生个体发展过程的评价方式。它主要关注学生在接受职业教育过程中的进步和增值情况，而不是仅关注最终的学习成果。增值评价可以帮助学生树立自信心和提升成就感，激发他们的学习动力。例如，在财经类专业中，可以设立一些阶段性的学习目标，并定期对学生的学习情况进行评估。教师通过比较学生在不同阶段的学习成果和进步情况，可以评估其增值情况给予相应的奖励和鼓励。

（三）实践案例

1. 某高职院校的机械工程专业项目教学评价

某高职院校的机械工程专业为了提升学生的实践能力和创新能力，引入了项目教学模式。在教学过程中，教师设计了多个具有挑战性和实用性的项目任务，要求学生分组完成。

①项目设计：教师根据课程内容和行业需求设计了一系列的项目任务，包括机械零件的设计、加工、装配和调试等。

②分组实施：教师根据学生兴趣和特长进行分组，并选定项目负责人。在项目负责人的带领下，小组成员共同制订项目计划、分配任务并开展实施工作。

③过程监控：教师在项目实施过程中进行定期检查和指导，确保项目按计划进行，并及时解决遇到的问题。

④成果展示与答辩：项目完成后，各小组进行成果展示和答辩。展示内容包括项目设计思路、实现过程、成果展示，以及遇到的问题和解决方案等。

⑤多元化评价：包括教师评价、同伴评价和自我评价三个方面。教师主要从项目完成度、创新性、实用性等方面进行评价；同伴评价关注学生之间的合作情况和相互学习成果；自我评价则鼓励学生反思自己的学习过程和成果。

通过项目教学评价方式，该专业学生的实践能力和创新能力得到了显著的提升。同时，学生在团队合作中学会了相互协作和沟通的技巧，为未来的职业发展打下了坚实的基础。

2. 某高职院校的酒店管理专业实习实训评价

某高职院校的酒店管理专业为了提升学生的职业素养和实际操作能力，与多家知名酒店建立了实习合作关系。学生在实习期间将接受酒店的专业培训和实际工作锻炼。

①实习安排：学校与酒店共同制订学生的实习计划和安排，明确实习岗位、实习内容和实习要求。

②实习过程监控：学校派遣实习指导教师定期到酒店进行实习检查和指

导，确保学生实习的顺利进行。同时，酒店也安排专人对学生的实习表现进行监督和评价。

③实习成果展示：实习结束后，学生需要提交实习报告并进行实习成果展示。展示内容包括实习经历、工作表现、技能掌握情况以及个人感悟等。

④多元化评价：评价包括酒店评价、实习指导教师评价和学生自我评价三个方面。酒店主要从职业素养、工作态度、技能掌握情况和团队协作能力等方面进行评价；实习指导教师评价关注学生在实习过程中的表现和成长；学生自我评价则鼓励学生反思自己的实习经历和成长过程。

通过实习实训评价，该专业学生的职业素养和实际操作能力得到了显著的提升。同时，学生在实习过程中学会了如何与同事进行合作和沟通，为未来的职业发展奠定了坚实的基础。此外，实习实训评价还促进了学校与酒店之间的交流与合作，为双方的共同发展提供了有力的支持。

（四）结论与展望

高职院校多元化教学评价方式的探索与实践是当前教育改革的重要方向之一。多元化教学评价可以全面、客观地评估学生的学习成果和教师的教学质量，以促进学生的全面发展和教师教学质量的持续提升。未来，随着教育技术的不断发展和教育理念的不断更新，高职院校将继续探索和实践更加科学、合理的多元化教学评价方式，以适应现代职业教育的发展需求。同时，我们也需要加强与国际先进教育理念和评价体系的交流与合作，不断地提升我国高职院校的教育质量和国际竞争力。

第五章　职业教育数字化转型面临的挑战与对策

第一节　面临的挑战

一、信息化基础设施建设

高职院校信息化基础设施建设是一个复杂而多维度的议题，涉及硬件设施的投入、软件系统的开发与应用、网络环境的构建、数据资源的整合与管理等多个方面。

（一）硬件设施投入现状

1. 基础设施建设概况

近年来，随着我国教育信息化的不断推进，高职院校在信息化基础设施建设上投入了大量资金，逐步构建起较为完善的信息化硬件体系，包括校园网络、数据中心、多媒体教室、智慧教室、实训室、图书馆电子资源等多个方面。

①校园网络：大多数高职院校已实现校园网络的全覆盖，提供有线和无线两种接入方式，以满足师生在教学、科研、管理等方面的网络需求。部分院校还进行了网络升级，采用更高速的光纤通信技术，提升网络带宽和稳定性。

②数据中心：为了支持日益增长的信息化应用需求，高职院校纷纷建立或升级数据中心，配备高性能的服务器、存储设备和网络设备，为各类信息化应

用提供强大的后台支持。

③多媒体教室和智慧教室：多媒体教室已成为高职院校的标准配置，而智慧教室则代表了更高的信息化水平。智慧教室通过集成多种智能设备和技术，如智能黑板、互动教学系统、远程教学平台等，为师生提供更加便捷、高效的教学环境。

④实训室：作为职业教育的重要组成部分，实训室在信息化方面也取得了显著的进展。通过引入虚拟仿真技术、智能控制系统等，实训室能够模拟真实的工作环境，提升学生的实践能力和职业素养。

⑤图书馆电子资源：高职院校图书馆积极建设电子资源库，包括电子图书、期刊、论文、数据库等，为师生提供了丰富的在线学习资源。同时，图书馆还推出移动图书馆服务，方便师生随时随地访问电子资源。

2. 存在的问题

尽管高职院校在信息化基础设施建设上取得了显著的成效，但仍存在一些问题：

①资金投入不足：部分高职院校由于资金有限，无法全面满足信息化基础设施建设的需求，导致部分设施老化、性能低下。

②设施分布不均：东西部地区高职院校在信息化基础设施建设上存在较大的差距，即东部地区设施较为完善，而西部地区则相对滞后。

③维护管理不到位：部分高职院校在信息化设施的日常维护和管理上存在不足，导致设施故障频发、使用效率低等。

（二）软件系统开发与应用现状

1. 软件系统建设概况

高职院校在软件系统开发与应用方面也取得了显著的进展，主要包括教务管理系统、学生管理系统、科研管理系统、财务管理系统等多个方面。这些系统通过集成各类信息化技术，实现了教学、科研、管理等工作的数字化、网络化和智能化。

①教务管理系统：教务管理系统是高职院校信息化建设的核心之一，涵盖

了学籍管理、教学计划、课程安排、考试管理、成绩管理等多个环节。通过该系统，教师可以方便地提交教学计划、查询学生成绩等信息，学生可以实时查看课程表、成绩等信息。

②学生管理系统：学生管理系统主要用于学生信息的录入、查询、统计和分析等工作。通过该系统，学校可以全面掌握学生的基本信息、学习情况、生活状况等，为个性化教育提供数据支持。

③科研管理系统：科研管理系统用于科研项目的申请、审批、跟踪和管理等工作。通过该系统，教师可以方便地提交科研项目申请、查询项目进展和经费使用情况，学校也可以对科研项目进行统一管理和评估。

④财务管理系统：财务管理系统用于学校的预算编制、收支管理、财务分析等工作。通过该系统，学校可以实现对财务数据的实时监控和统计分析，提高财务管理的效率和准确性。

2. 存在的问题

在软件系统开发与应用方面，高职院校同样面临一些问题，主要有以下三个方面：

①系统兼容性差：由于不同的系统之间缺乏统一的标准和规范，导致系统之间兼容性差、数据共享困难。

②功能单一：部分软件系统功能单一、操作复杂，无法满足师生多样化的需求。

③数据安全性差：随着信息化程度的提高，数据安全问题日益凸显。部分高职院校在数据安全保护方面存在不足，容易遭受黑客攻击和存在数据泄露等风险。

（三）网络环境构建现状

1. 网络环境建设的概况

高职院校在网络环境构建上取得了显著的成效，主要体现在以下三个方面：

①网络带宽提升：随着网络技术的不断发展，高职院校纷纷提升网络带宽，

采用更高速的光纤通信技术，提升网络的传输速度和稳定性。

②无线网络覆盖：为了满足师生随时随地接入网络的需求，高职院校在校园内部署无线网络设备，实现无线网络的全覆盖。

③网络安全保障：为了保障网络环境的安全稳定，高职院校纷纷加强网络安全建设，部署防火墙、入侵检测系统等安全设备，定期对网络进行安全检查和漏洞修复。

2. *存在的问题*

在网络环境构建方面，高职院校也面临着一些问题：

①网络拥堵：随着网络应用的不断增加，导致网络拥堵问题日益严重。部分高职院校在网络带宽分配和流量控制方面存在不足，从而导致网络访问速度缓慢。

②网络安全隐患：虽然高职院校普遍加强了网络安全建设，但仍存在网络安全隐患。部分师生因缺乏网络安全意识，存在容易遭受网络诈骗和恶意攻击等风险。

（四）数据资源整合与管理现状

1. *数据资源整合的概况*

高职院校在数据资源整合方面取得了显著的进展，主要体现在以下三个方面：

①数据平台建设：为了实现数据的集中管理和共享利用，高职院校纷纷建设了数据平台，将各类信息化系统产生的数据进行整合和存储。

②数据标准制定：为了确保数据的一致性和准确性，高职院校制定了一系列的数据标准和管理规范，对数据的采集、存储、处理和应用等环节进行了统一规定。

③数据分析应用：通过数据挖掘和分析技术，高职院校深入挖掘数据价值，为教学、科研、管理等工作提供了有力支持。例如，通过对学生学习数据的分析，可以发现学生的学习规律和问题所在，为个性化教育提供数据支持。

2. 存在的问题

在数据资源整合与管理方面，高职院校也面临一些问题：

①数据孤岛现象：由于不同的系统之间缺乏统一的标准和规范，导致数据孤岛现象严重。不同系统之间的数据无法共享和交换，限制了数据的价值发挥。

②数据质量不高：部分高职院校在数据采集和录入过程中存在不规范、不准确的问题，导致数据质量不高。这不仅影响了数据分析的准确性和可靠性，还可能导致决策失误和资源浪费。

③数据安全保护不足：随着数据量的不断增加和数据价值的不断提升，数据安全保护问题日益凸显。部分高职院校在数据安全保护方面存在不足，容易遭受黑客攻击和存在数据泄露等风险。

（五）未来发展趋势

1. 加大投入力度

随着教育信息化的不断推进和高职院校对信息化需求的不断增加，未来高职院校将继续加大信息化基础设施建设的投入力度。通过引入更先进的技术和设备、优化网络结构和提升数据安全保护能力等措施，构建更加完善、高效、安全的信息化基础设施体系。

2. 推动系统整合与共享

为了解决数据孤岛现象和数据共享困难的问题，高职院校应积极推动各类信息化系统的整合与共享。通过制定统一的数据标准和管理规范、建立数据共享平台和机制等措施，实现不同系统之间的数据共享和交换。这将有助于提升数据的价值和利用率，为教学、科研、管理等工作提供更加有力的支持。

3. 加强数据安全保护

随着数据量的不断增加和数据价值的不断提升，数据安全保护问题将越来越重要。未来高职院校应增加数据安全保护力度，采取更加严格的安全措施和管理制度来保障数据的安全性和稳定性。例如，加强网络安全防护、完善数据备份和恢复机制、提高师生数据安全意识等措施，都将有助于提升数据安全保护水平。

4. 推动智慧校园建设

智慧校园是未来高职院校信息化建设的重要方向之一。通过集成物联网、大数据、云计算等先进技术，构建智慧校园平台，实现校园内各类资源的智能化管理和服务。例如，通过智能门禁系统、智能安防系统、智能照明系统等设备的部署和应用，提升校园的安全性和舒适度；通过智能教学系统、智能图书馆系统等应用的推广和使用，提升教学质量和学习体验。智慧校园建设将有助于推动高职院校向更加智能化、人性化的方向发展。

高职院校信息化基础设施建设现状呈现出快速发展的态势，但仍存在一些问题需要解决。未来高职院校将采取继续加大投入力度、推动系统整合与共享、加强数据安全保护、推动智慧校园建设等措施来推动信息化基础设施建设的不断完善和发展。这将有助于提升高职院校的教学质量和科研水平，为培养更多高素质的技术技能人才提供有力支持。

二、教师数字化教学能力

高职院校教师数字化素养是当前教育数字化转型中的重要议题，它关乎教学质量、学生培养及教育现代化的进程。

（一）高职院校教师数字化素养现状

1. 数字化素养概念的普及与认知

近年来，随着大数据、人工智能、云计算等技术的迅猛发展，数字化素养已成为继识字、语言、算术之后每个公民应具备的第四大基本素质和能力。在教育领域，特别是高职院校中，教师的数字化素养更是直接影响教学创新、资源整合及人才培养质量等方面。教育部在2022年发布了《教师数字素养》，明确了教师数字素养的标准和提升路径，这一举措标志着教师数字化素养的提升工作得到了前所未有的关注。

2. 数字化教学工具的广泛应用

高职院校教师普遍能够使用计算机、网络、多媒体等信息技术手段进行教学，如使用PPT、视频、音频等多媒体教学资源，利用网络教学平台进行在线授课、作业布置与批改等。这些数字化教学工具的广泛应用，不仅丰富了教学手段，也提高了教师教学效率和学生学习的积极性。

3. 数字化教学资源的开发与整合

部分高职院校教师能够利用自身技术优势，开发或整合数字化教学资源，如制作微课、慕课（MOOC）、SPOC（小规模限制性在线课程）等，为学生提供了更加丰富多样的学习形式的选择。同时，教师还通过教学平台共享教学资源，促进了教学资源的优化配置和共享。

（二）高职院校教师数字化素养存在的问题

尽管高职院校教师在数字化素养方面取得了一定的进展，但仍存在诸多问题和挑战，主要表现在以下四个方面：

1. 数字化意识与技能不足

虽然部分教师认识到数字化教学的重要性，但由于自身技术水平和能力有限，难以熟练掌握和应用先进的数字化教学工具和技术。此外，一些教师缺乏主动学习新知识的动力和意愿，导致数字化素养提升缓慢。

2. 数字化教学资源的质量参差不齐

虽然教师能够制作或整合数字化教学资源，但由于缺乏统一的标准和规范，这些资源的质量参差不齐。部分资源存在内容陈旧、形式单一、缺乏创新等问题，难以满足学生多样化的学习需求。

3. 数字化教学模式创新不足

尽管网络教学平台已成为教学活动的重要组成部分，但部分教师在实际教学中仍沿用传统的教学模式和方法，未能充分利用数字化教学平台的优势进行教学模式创新。这导致线上线下教学分离，数字化资源利用率低，教学效果难以提升。

4. 数字化教学的支持体系不完善

高职院校在数字化教学的支持体系方面仍存在不足，如数字化教学设备不足、网络基础设施不完善、数字化教学资源库建设滞后等，这些问题制约了教师数字化素养的提升和教学创新的发展。

(三)未来展望

随着信息技术的不断发展和教育现代化的深入推进,高职院校教师数字化素养的提升将呈现出以下四个趋势:

1. 数字化素养成为教师必备的能力

未来,数字化素养将成为高职院校教师必备的基本素质和能力之一。教师需要不断地学习和掌握新的数字化教学工具和技术手段,以适应教学创新和学生发展的需求。

2. 数字化教学资源更加丰富多样

随着数字化技术的发展和普及,未来高职院校将拥有更加丰富多样的数字化教学资源。这些资源将涵盖各个学科领域和知识点,为学生提供更加全面、系统、个性化的学习支持。

3. 数字化教学模式不断创新

未来高职院校将积极探索和实践数字化教学模式创新。通过线上线下混合式教学、翻转课堂、项目式学习等多种教学模式的引入和应用,提高教学效果和学生的学习兴趣。

4. 数字化教学支持体系更加完善

高职院校在未来将不断地完善数字化教学支持体系。通过加强数字化教学设备的建设和更新换代、完善网络基础设施建设、加强数字化教学资源库建设等措施的实施,为教师的数字化教学提供更加全面、便捷的支持和服务。

高职院校教师数字化素养的提升是一个长期且复杂的过程,需要高职院校、教师、学生及社会各界的共同努力和支持。通过加强培训、完善支持体系、推动教学模式创新等措施的实施,不断地提升教师的数字化素养和水平,为培养具有创新精神和实践能力的高素质技能型人才做出积极的贡献。

三、学生学习力与能动性

高职院校学生数字化素养情况是一个复杂而多维的议题,涉及学生在数字时代所应具备的一系列能力,包括信息获取、技术应用、创新思维、数据安全等多个方面。

（一）高职院校学生数字化素养的现状

1. 信息获取能力

在信息爆炸的时代，高职院校学生普遍具备了一定的信息获取能力。他们能够通过搜索引擎、学术数据库、社交媒体等多种渠道获取所需信息。然而，这种能力仍存在一些问题，如信息筛选和鉴别能力不足，容易受到虚假信息的误导。此外，部分学生在信息检索时缺乏系统性和全面性，往往只关注表面信息，而忽视深层次的分析和挖掘。

2. 技术应用能力

随着数字化技术的普及，高职院校学生在技术应用方面也取得了一定的进展。他们能够熟练使用智能手机、电脑等数字设备，掌握基本的办公软件和互联网应用技能。然而，在更高级的技术应用，如数据分析、编程开发、数字内容创作等方面，学生的能力参差不齐。部分学生虽然对新技术充满好奇，但缺乏深入学习和实践的机会，导致其技术应用能力难以得到提升。

3. 创新思维与问题解决能力

在数字化时代，创新思维和问题解决能力显得尤为重要。高职院校学生在这方面表现出一定的潜力，他们能够在学习过程中提出新颖的观点和解决方案。然而，由于传统教育模式的束缚和应试教育的影响，部分学生的创新思维和问题解决能力仍未得到充分发展。他们往往习惯于接受现成的知识和答案，缺乏主动探索和创新的意识。

4. 数据安全与隐私保护意识

随着网络空间的不断扩大和数字化技术的广泛应用，数据安全与隐私保护问题日益凸显。高职院校学生在这方面表现出一定的防范意识，但整体水平仍有待提高。部分学生能够意识到网络安全的重要性，但在实际操作中往往会忽视细节，如随意点击不明链接、泄露个人信息等。此外，部分学生对于数据安全和隐私保护的法律法规缺乏了解，难以有效维护自身的权益。

（二）高职院校学生数字化素养存在的问题

1. 信息素养不足

信息素养是高职院校学生数字化素养的重要组成部分。然而，当前部分学生在信息素养方面存在明显不足。他们虽然能够获取大量信息，但缺乏有效筛选、鉴别和整合信息的能力。这导致他们在面对复杂问题时难以做出准确判断，甚至可能受到虚假信息的误导。

2. 技术应用能力有限

虽然高职院校学生在技术应用方面取得了一定的进展，但就整体而言，他们的技术应用能力还有待提高。这主要表现在：一是技术掌握不全面，部分学生对于新兴技术缺乏了解；二是技术应用不深入，部分学生在使用技术时仅限于表面操作，缺乏深入学习和实践；三是技术创新不足，部分学生在技术应用过程中缺乏创新意识和创新能力。

3. 创新思维与问题解决能力欠缺

创新思维与问题解决能力是高职院校学生适应未来社会的重要能力。然而，当前部分学生在这些方面存在明显的欠缺。他们往往习惯于接受现成的知识和答案，缺乏主动探索和创新的意识。在解决问题时，他们往往缺乏独立思考和批判性思维的能力，难以提出新颖的解决方案。

4. 数据安全与隐私保护的意识淡薄

数据安全与隐私保护是数字化时代的重要议题。然而，当前部分高职院校学生在这些方面的意识仍显淡薄。他们往往容易忽视网络安全的重要性，随意泄露个人信息和敏感数据。在遭遇网络攻击和诈骗时，他们往往缺乏应对能力和自我保护意识。

（三）高职院校学生数字化素养问题的分析

1. 教育理念滞后

传统教育理念注重知识的传授和应试能力的培养，却忽视了对学生信息素养、技术应用能力、创新思维和问题解决能力等综合素质的培养。这种滞后的教育理念导致高职院校在课程设置、教学方法等方面难以适应数字化时代的需求。

2. 教育资源不足

高职院校在数字化教育资源的投入方面相对不足。这主要表现在：一是硬件设施落后，部分学校缺乏先进的数字设备和网络设施；二是软件资源匮乏，缺乏高质量的数字化教学资源和平台；三是师资力量薄弱，缺乏具备数字化教学能力的专业教师。

3. 学生自身因素

高职院校学生自身也存在一些影响数字化素养提升的因素。一是学习态度不端正，部分学生对数字化学习缺乏兴趣和动力；二是学习方法不当，部分学生缺乏科学、有效的学习方法和策略；三是自我约束能力不足，部分学生在数字化环境中容易沉迷于游戏、娱乐等非学习活动。

高职院校学生数字化素养的提升是一个长期且复杂的过程，需要高职院校、学生自身以及社会各界的共同努力和配合。通过更新教育理念、加强教育资源建设、开设数字素养课程、构建数字化学习环境、提升学生的自我约束能力，以及加强校企合作与产教融合等措施的实施，可以有效地提升高职院校学生的数字化素养水平，为他们未来的学习和就业奠定坚实的基础。同时，这也有助于推动高职院校教育质量的整体提升和数字化转型的深入发展。

第二节 应对策略

一、加强政策引导与资金投入

（一）信息化基础设施建设的举措

1. 网络基础设施的升级与优化

高职院校首先应着眼于校园网络基础设施的升级，包括有线网络和无线网络的全面覆盖与优化，提升网络的稳定性和访问速度。

其次是全光网络改造。某高职院校对校园有线网络进行了全光网络改造，实现了骨干网速万兆、桌面网速千兆的显著提升。这一改造不仅提升了网络带宽，还增强了网络的可靠性和可扩展性，为师生提供了更加流畅的在线学习和教学体验。

最后是 Wi-Fi 6 无线网络全覆盖。该校还部署了 Wi-Fi 6 超高速无线网络，实现了校园各区域的全面覆盖。师生无论是在教学楼、图书馆还是宿舍楼，都能享受到稳定、高速的无线网络服务，为移动办公和学习提供了极大的便利。

2. 数据中心与云计算平台的建设

为了支撑大规模的数据处理和存储需求，高职院校应积极建设高效、安全的校园数据中心和云计算平台。

①云数据中心建设：某高职院校建立了云数据中心，配置了高性能的服务器和存储设备，实现了数据的集中管理和高效利用。该数据中心不仅为学校的各项信息化应用提供了强有力的支撑，还通过虚拟化技术实现了资源的灵活调度和按需分配。

②云计算平台扩容：为了应对日益增长的计算需求，该校还对云计算平台进行了扩容，增加了虚拟服务器数量和存储空间。这使得学校能够轻松应对大规模的数据分析和处理任务，为科研和教学提供了强大的计算能力。

3. 智慧教室与数字化教学环境的构建

高职院校可通过建设智慧教室和数字化教学环境，推动传统教学模式向数字化、智能化教学模式转型。

①智慧教室建设：某高职院校对现有多媒体教室进行了升级改造，建成了多间集数字化教学资源进课堂、在线巡课、在线听课、课堂交互于一体的智慧教室。这些教室配备了先进的多媒体设备和教学软件，支持多种教学模式的灵活切换，提升了课堂教学的互动性和趣味性。

②数字化教学资源库：该校还建立了完善的数字化教学资源库，包括电子图书、在线课程、教学视频等丰富的数字资源。师生可以通过校园网随时随地访问这些资源，进行自主学习和个性化学习。

4. 信息安全与运维管理体系的完善

高职院校在信息化基础设施建设中，高度重视信息安全和运维管理，建立了完善的信息安全体系和运维管理体系。

①信息安全防护：某高职院校引入了 VPN 技术和堡垒机，升级了信息系统远程访问和操作的模式。同时，部署了态势感知系统和行为监测系统，实时监测网络安全态势和异常行为，以确保校园网络的安全、稳定运行。

②运维管理体系：该校还建立了校园基础和安全设施综合运维体系，实现了对信息化基础设施的集中监控和统一管理。通过这一体系，学校能够及时发现并解决设备故障和安全隐患，提高运维效率和服务满意度。

（二）信息化基础设施建设的成效

1. 提升教学质量和效率

信息化基础设施的完善显著提升了高职院校的教学质量和效率。

①个性化教学：通过数字化教学资源库和智慧教室的建设，教师可以根据学生的学习进度和能力进行个性化教学，提供定制化的学习资源和辅导方案。这不仅提高了学生的学习兴趣和积极性，还促进了教师教学质量的提升。

②教学模式创新：信息化基础设施的完善为教学模式的创新提供了有力的支撑。教师可以采用线上线下混合教学、翻转课堂等多种教学模式进行教学实践，以激发学生的学习兴趣和创新能力。

2. 推动科研创新与发展

信息化基础设施的建设为高职院校的科研创新与发展提供了重要的支撑。

①大数据分析与处理：云计算平台和数据中心的建设为科研人员提供了强大的数据处理和分析能力。科研人员可以利用这些平台进行大规模的数据分析和挖掘工作，发现新的科研热点和研究方向。

②科研资源共享：数字化教学资源库的建设促进了科研资源的共享与利用。科研人员可以通过校园网访问各类科研资源，如电子图书、学术期刊等，实现了科研资源的优化配置和高效利用。

3. 提升管理水平和服务能力

信息化基础设施的完善提升了高职院校的管理水平和服务能力。

①管理流程优化：通过信息化手段对管理流程进行优化和再造，实现了管理流程的自动化和智能化。例如，"网上办事大厅"的建设使得师生可以通过网络进行各类事务的办理和查询工作，大大提高了办事效率和服务质量。

②决策支持能力增强：大数据中心和云计算平台的建设为学校的决策提供了有力支撑。学校可以通过对这些平台上的数据进行深度挖掘和分析，发现潜在的问题和机遇，为学校的战略规划和发展提供科学依据。

4. 促进师生信息素养的提升

信息化基础设施的完善促进了高职院校师生信息素养的全面提升。

①信息技术应用能力的提高：随着信息化基础设施的普及和应用范围的扩大，师生的信息技术应用能力得到了显著的提升。他们能够更加熟练地运用各种信息技术工具进行学习和工作，提高了工作效率和学习效果。

②信息素养的培养：高职院校还通过开设信息技术课程、举办信息技术竞赛等方式加强对师生信息素养的培养。这些活动不仅提高了师生的信息技术应用能力，还提升了他们的信息安全意识和法律意识等综合素养。

高职院校在完善信息化基础设施建设的举措方面取得了显著的成效。这些举措不仅提升了教学质量和效率，推动了科研创新与发展，提升了管理水平和服务能力，还促进了师生的信息素养的全面提升。随着信息技术的不断发展和应用范围的进一步扩大，高职院校将继续加大信息化基础设施建设的力度，推动教育信息化向更高水平发展。

二、提升教师数字化教学能力与素养

（一）提升教师数字化教学能力与素养的背景与意义

随着信息技术的飞速发展，数字化已成为职业教育改革的重要方向。《中国教育现代化2035》明确提出，要通过数字化改革引领职业教育的高质量发展，构建现代化的教育体系。在这一背景下，提升教师数字化教学能力与素养成为高职院校的紧迫任务。教师作为教学活动的主体，其数字化教学能力与素养直接关系到教学质量和人才培养质量。因此，提升教师数字化教学能力与素养，对于推动职业教育现代化、培养适应社会需求的高素质技术技能人才具有重要的意义。

（二）提升教师数字化教学能力与素养的举措

1. 明确的政策与标准

2022年11月，教育部发布了《教师数字素养》，明确了提升教师数字素养的标准和路径。这一标准的出台，为高职院校教师数字化教学能力与素养的提升提供了重要依据。

2024年2月，中央网信办等四部门联合印发了《2024年提升全民数字素养与技能工作要点》，要求全面提升师生的数字素养与技能。这一政策进一步强调了提升教师数字化教学能力与素养的重要性。

2. 加强教师培训与研修

高职院校应定期组织教师参加数字化教学相关的培训与研修活动，帮助教师掌握先进的数字化教学理念和技能。

①世界数字教育大会：2023年2月，世界数字教育大会召开，与会专家学者围绕开发应用数字学习资源、提升师生数字素养等主题开展了深入的交流研讨。高职院校可借此机会组织教师参会学习，拓宽视野，提升能力。

②校内数字化教学培训：无锡职业技术学院通过开展"数字化升级年"专项行动，设置组织机构顶层设计各项重点任务，明确各方职责，并出台相关配套文件。学校鼓励教师参加培训以提升数字化教学能力，并通过组建课程组、虚拟教研室、大师工作室、教学团队等方式，培养国家级教学名师和国家级教学团队。

3. 建设数字化教学资源与平台

高职院校应加大投入，建设高质量的数字化教学资源与平台，为教师提供丰富的教学资源和便捷的教学工具。

①数字化教学资源库建设：高职院校可以建立数字化教育资源库，包括教学案例、教学视频、教学工具等，供教师使用和参考。这些资源可以根据学科

专业进行分类，以方便教师快速获取所需的数字化教育资源。

②智慧校园建设：无锡职业技术学院以校园智慧"大脑"为核心，以标准体系和运维体系为抓手，持续完善学生成长平台、教师发展平台、教学服务平台、校园治理平台功能，不断地优化"五全智慧校园"建设。通过智慧校园的建设，实现了教学管理的智能化和便捷化。

4. 推动教学模式与方法的创新

高职院校应鼓励教师探索和实践新的教学模式与方法，如混合式教学、翻转课堂等，充分利用数字化教学资源和平台提高教学效果。

①混合式教学实践：高职院校可以借鉴 BOPPPS 教学模式，创新"七环节"线上线下混合教学结构。在线上课前阶段，学生在线上平台进行自学并完成测试；线下课中阶段，教师围绕重点、难点开展实时指导。这种教学模式既发挥了线上资源的优势，又保证了线下教学的互动性和针对性。

②翻转课堂应用：教师可以将传统课堂中的讲授环节移至课前，让学生通过观看教学视频、阅读资料等方式进行自主学习；在课堂上则主要进行问题讨论、实践操作等活动。这种教学模式能够激发学生的学习兴趣和主动性，提高教学效果。

5. 建立完善的评价与激励机制

高职院校应建立完善的评价与激励机制，对教师数字化教学能力与素养的提升情况进行客观评价，并给予相应奖励。

①教师工作绩效积分制度：高职院校可以建立教师工作绩效积分制度，通过量化教师的过程表现和工作成果来客观反映教师职业发展的程度。这一制度可以激励教师积极参与提升数字化教学能力的活动。

②教学成果的认定与推广：利用数字化工具提升教学成果认定的科学性和精准性，并加速优秀教学成果的传播和应用。通过在线资源库、案例分享和虚拟研讨会等形式，将成功的教学方法和理念传播给更广泛的教师群体，促进教学经验的交流与分享。

（三）提升教师数字化教学能力与素养的成效

1. 教师数字化教学能力显著提升

通过一系列举措，高职院校教师的数字化教学能力得到了显著的提升。教师能够熟练掌握各种数字化教学工具和平台的使用方法，灵活运用数字化教学资源开展教学活动。同时，教师的数字化教育理念也得到了更新和升华，他们更加注重以学生为中心的教学理念和方法的应用。

2. 教学质量与效果明显提高

教师数字化教学能力的提升直接促进了教学质量与效果的提高。数字化教学资源和平台的应用使得教学内容更加丰富多样、教学形式更加灵活多变。学生在数字化教学环境中能够更加积极主动地参与学习活动，提高了学习兴趣和效果。同时，数字化教学也使得教学评价更加全面、客观，能够更准确地反映出学生的学习情况。

3. 职业教育现代化进程加快

高职院校教师数字化教学能力与素养的提升能推动职业教育现代化的进程。数字化教学已经成为职业教育的重要趋势和发展方向。通过提升教师数字化教学能力与素养，高职院校能够更好地适应数字化时代的需求和挑战，推动职业教育的高质量发展。

4. 人才培养质量显著提升

高职院校教师数字化教学能力与素养的提升显著提升了人才培养质量。学生在数字化教学环境中得到了更加全面、深入的学习体验和实践机会，他们的综合素质、创新能力和职业素养都得到了明显提高。

提升高职院校教师数字化教学能力与素养是一项长期且艰巨的任务，但是通过制定明确的政策与标准、加强教师培训与研修、建设数字化教学资源与平台、推动教学模式与方法的创新，以及建立完善的评价与激励机制等一系列举措的实施，已经取得了显著成效。未来我们将继续深化这些工作，并不断地探索新的方法和路径，以推动职业教育现代化的进程，为社会培养更多高素质的技术技能人才。

三、激发学生学习的内在动力与兴趣

在探讨高职院校如何提升学生数字化学习能力与素养的举措及成效时，可以从多个维度进行深入分析，并结合具体案例来展示实践中的成功经验。

（一）策略规划与理念更新

1. 战略定位与顶层设计

高职院校在提升学生数字化学习能力与素养方面，首先需要明确战略定位，将数字化教育纳入学校整体发展规划之中。例如，河南工业职业技术学院积极响应党的二十大报告关于建设数字中国的号召，深入学习贯彻《国家职业教育改革实施方案》等文件精神，将教育数字化放在优先发展的战略地位。该校通过实施"五大工程"，即信息化管理体系建设工程、智慧教学环境建设工程、绿色平安校园建设工程、师生数字化素养培育工程以及教育教学数字化赋能工程，实现"五个提升"，以"数字活力"助推教育变革，支撑学校教育事业的高质量发展。

2. 教育理念更新

高职院校需树立以学生为中心的教育理念，注重培养学生的自主学习能力和终身学习能力。在数字化转型背景下，这意味着要充分利用信息技术手段，构建开放、灵活、个性化的学习环境。例如，通过引入虚拟实验室、远程实训、在线测评等新型教学模式，打破传统课堂教学的时空限制，让学生能够随时随地获取学习资源，并根据个人兴趣和能力进行自主学习。

（二）具体举措与实施路径

1. 建设智慧教学环境

①智慧教室与虚拟仿真实验室：高职院校应加大投入，建设一批智慧教室和虚拟仿真实验室。智慧教室配备先进的多媒体教学设备和网络通信设施，支持线上线下混合式教学，提高了教学的互动性和趣味性。虚拟仿真实验室则利用虚拟现实（VR）、增强现实（AR）等技术，模拟真实的工作环境，使学生在安全、无风险的环境中进行实践操作和技能训练。例如，洛阳职业技术学院

建设了一批智慧教室和虚拟仿真综合实训示范中心，为学生提供了沉浸式在线学习氛围。

②数字资源库与在线学习平台：整合优质教育资源，构建开放、共享的数字资源库和在线学习平台，为学生提供丰富的学习材料。这些平台支持个性化学习路径规划、学习进度跟踪、学习成效评估等功能，帮助学生实现自主学习和自我管理。例如，河南工业职业技术学院与爱课程、超星泛雅等在线学习平台合作，搭建了开放、共享的精品在线开放课程平台，课程总数达到3651门，用户已达50688人。

2. 提升师生数字化素养

①教师培训与能力提升：教师是提升学生数字化学习能力与素养的关键。高职院校应定期组织教师参加数字化教学技能培训，提升他们的信息技术应用能力和教学设计能力。高职院校可通过举办数字化教学能力比赛、申报信息化优秀成果奖等活动，形成以赛促教、以评促改的良好氛围。例如，河南工业职业技术学院依据教育部《教师数字素养》，修订完善《教师能力提升工程实施方案》，常态化开展教师信息化素养考评，支持全方位、全过程的教师数字能力评价。

②学生数字化素养课程：开设专门的数字化素养课程，其涵盖信息意识、信息知识、信息技能和信息道德等方面的内容。通过课程学习，学生可以掌握基本的信息检索、处理、分析和评价能力，培养在信息化社会中的自主学习和终身学习能力。例如，高职院校可以开设"信息素养导论""数字技能实训"等课程，结合专业特点进行教学内容设计。

3. 深化产教融合与校企合作

①共建数字化实训基地：与企业合作共建数字化实训基地，将企业的真实生产环境和项目案例引入校园，使学生在实践中掌握数字化技能。通过校企联合培养，实现专业与产业的深度融合，提高学生的就业竞争力和创新能力。例如，河南工业职业技术学院通过校企共研专业群建设质量监测系统，对实习实训开展情况进行实时监测，并搭建数字资源共享与学习平台，推动优秀课程资

源、教材资源等在专业群不同层级间的流动融通。

②开展创新创业活动：鼓励学生参与创新创业活动，如创意设计大赛、创业计划大赛等，激发学生的创造力和创新意识。通过设立创新实验室、创业孵化器等平台，为学生提供创新创业资源和支持。例如，高职院校可以与企业合作举办"互联网+"创新创业大赛，选拔优秀项目进行孵化和推广。

（三）成效展示与经验总结

1. 学生的学习成效显著提升

通过实施上述举措，高职院校学生的数字化学习能力与素养得到了显著提升。一方面，学生在智慧教学环境和在线学习平台的支持下，能够更加便捷地获取学习资源和进行自主学习；另一方面，通过参与数字化实训和创新创业活动，学生的实践能力和创新能力得到增强。例如，河南工业职业技术学院的学生在各类学科竞赛和创新创业大赛中屡获佳绩，展现了较高的数字化素养和创新能力。

2. 教师的教学水平不断提高

教师在参与数字化教学培训和竞赛的过程中，不断地提升自己的信息技术应用能力和教学设计能力，比如积极尝试线上线下混合式教学、翻转课堂等新型教学模式，以提高课堂教学的互动性和有效性。同时，教师还通过参与企业实践和项目合作等方式，了解行业最新动态和技术发展趋势，为教学注入新的活力和内容。

3. 学校的整体竞争力增强

高职院校在推进数字化转型的过程中，不仅提升了学生的数字化学习能力与素养，还增强了学校的整体竞争力。一方面，通过建设智慧校园和数字化教学资源库等基础设施，学校的教学、科研和管理水平得到了全面提升；另一方面，通过深化产教融合和校企合作等举措，学校与行业的联系更加紧密，人才培养质量得到了社会的广泛认可。例如，河南工业职业技术学院在教育部公布的"2022年职业教育国家在线精品课程名单"中，有11门课程成功入选，课程认定数量位列全国第一。

（四）经验总结与未来展望

1. 经验总结

高职院校在提升学生数字化学习能力与素养方面取得了显著的成效，主要得益于以下四个方面的经验：一是明确战略定位与顶层设计，将数字化教育纳入学校整体发展规划；二是加强智慧教学环境建设，为学生提供丰富的学习资源和个性化学习路径；三是强化师生数字化素养培训，提升教师的信息技术应用能力和学生的自主学习能力；四是深化产教融合与校企合作，实现专业与产业的深度融合和人才培养质量的提升。

2. 未来展望

随着信息技术的不断发展和应用，高职院校在提升学生数字化学习能力与素养方面仍面临着诸多挑战，但同时也存在着难得的机遇。未来，高职院校应继续深化数字化转型工作，不断地创新教学模式和方法；同时，加强与企业的交流与合作，共同推动职业教育与产业发展的深度融合；此外，还应关注国际职业教育发展趋势和动态变化，借鉴国际先进经验和做法，不断地提升自身的办学水平和国际竞争力。通过持续努力和创新实践，高职院校将培养出更多具有数字化素养和创新精神的高素质技术技能人才，为经济社会发展做出更大的贡献。

第六章 职业教育数字化转型的未来展望

第一节 技术发展的趋势与影响

一、人工智能（AI）、大数据、区块链等技术在职业教育中的应用前景

随着科技的飞速发展，人工智能（AI）、大数据、区块链等前沿技术正在逐步渗透到职业教育的各个领域，为教育现代化提供了强大的技术支撑。这些技术的应用不仅改变了传统的教学模式，还促进了教育资源的优化配置、教育管理的精细化和教育质量的全面提升。

（一）人工智能在职业教育中的应用前景

1. 教学与学习环节

人工智能技术在职业教育的教学和学习环节中发挥着重要作用。人工智能（AI）技术可以实现个性化教学和学习路径规划，为学生提供更加精准和高效的学习体验。

在个性化教学上，AI技术能够通过大数据分析，精准识别学生的学习特点和需求，为每位学生提供定制化学习方案。例如，AI技术可以分析学生的学习行为、学习进度和成绩表现，智能推荐适合的学习资源和练习题，帮助学

生可以更好地掌握知识和技能。此外，AI技术还可以根据学生的学习反馈，动态调整教学的内容和难度，以确保学习过程的连续性和有效性。

在智能辅导上，AI技术还能够提供智能辅导服务，帮助学生在遇到难题时获得及时和有效的解答。智能辅导系统可以模拟人类教师的讲解方式，通过自然语言处理和计算机视觉技术，与学生进行交互式教学。当学生提出问题时，系统能够迅速识别并给出相应的解答和解析，帮助学生更好地理解问题并找到解决方法。

在智能测评上，AI技术能够实现自动评阅和智能分析。通过智能评阅系统，教师可以快速完成客观题的批改工作，并借助AI算法对主观题进行初步评分和反馈。同时，AI技术还能够对测评结果进行深度分析，为教师和学生提供详细的成绩报告和学习建议。这些报告和建议可以帮助教师了解学生的学习情况，制订有针对性的教学计划；同时，也能够帮助学生发现自身的不足，更加明确努力的方向。

2. 教学管理环节

AI技术在教学管理环节中也发挥着重要作用。AI技术通过智能管理系统，可以实现教学资源的优化配置、教学过程的实时监控和教学效果的精准评估。

在智能排课上，AI技术可以根据教师的教学计划、学生的课程需求和教室资源情况，自动完成排课任务。智能排课系统能够综合考虑多种因素，如教师的教学经验、学生的专业背景和教室的容量等，确保排课结果的合理性和有效性。同时，系统还能够实时更新课程信息，为教师和学生提供便捷的查询和修改服务。

在教学监控上，AI技术还可以实现对教学过程的实时监控和预警。通过智能监控系统，可以实时采集教学过程中的视频和音频数据，并借助AI算法进行分析和处理。当系统检测到异常行为或问题时，能够立即发出预警信号，提醒教师和相关部门及时采取措施加以解决。这不仅可以提高教学管理的效率和质量，还能够保障教学秩序的稳定和安全运行。

在教学评估环节，AI技术能够实现对教学效果的精准评估。通过智能评估系统，可以对教师的教学质量、学生的学习效果以及教学资源的利用情况进行全面评估和分析。评估结果可以以图表、报告等形式呈现给相关人员，帮助他们了解教学情况并制定相应的改进措施。这有助于提升教学质量和效果，推动职业教育的持续发展。

（二）大数据在职业教育中的应用前景

1. 教育资源优化配置

大数据技术可以实现教育资源的优化配置。通过对学生学习行为、学习成果和就业情况的数据分析，可以了解不同专业和课程的受欢迎程度以及学生的实际需求。然后根据这些数据，学校可以调整专业设置和课程设置，优化教学资源配置，提高教育资源的利用率和效益。

2. 学生学情分析

大数据技术还可以实现对学生学情的全面分析。通过收集和分析学生的学习数据（如学习进度、成绩表现、作业完成情况等），可以了解学生的学习状态和学习效果。这些数据可以为学生个性化学习方案的制定提供有力支持，帮助学生更好地掌握知识和技能。同时，学校也可以根据学情分析结果制定相应的教学策略和管理措施，提高教学效果和管理水平。

3. 就业指导和职业规划

大数据技术还可以应用于就业指导和职业规划领域。通过收集和分析学生的就业数据（如就业行业、就业岗位、薪资待遇等），可以了解不同专业和课程的就业前景和市场需求。根据这些数据，学校可以为学生提供更加精准的就业指导和职业规划服务。

（三）区块链在职业教育中的应用

1. 学分认证和证书管理

区块链技术具有去中心化、不可篡改和可追溯等特点，这些特点使得区块链在学分认证和证书管理方面具有天然的优势。通过区块链技术，可以建立一个透明、公正、可信的学分认证和证书管理系统。在这个系统中，学生的学分和证书信息将被永久地保存在区块链上，并可以通过智能合约实现自动化验证和查询。这不仅可以提高学分认证和证书管理的效率与准确性,还可以降低管理成本和风险。

目前,国内外已有多个成功的区块链电子证书和学历认证项目。例如,塞浦路斯的尼科西亚私立大学利用区块链技术实现了文凭的在线认证和验证;美国麻省理工学院开发了数字学习证书平台,为学生提供了更加便捷和安全的证书管理服务。这些项目通过区块链技术实现了证书信息的去中心化存储和验证,提高了证书的真实性和可信度。

区块链技术还可以应用于教学管理中。通过区块链技术,可以构建一个基于智能合约的教学管理系统。在这个系统中,学校、教师和学生等不同角色之间的关系将通过智能合约来定义和管理。同时,教学过程中的各种数据和信息也将被记录在区块链上,并通过智能合约实现自动化处理和验证。这不仅可以提高教学管理的效率和质量,还可以降低管理成本和风险。

2. 产教融合和校企合作

区块链技术还可以促进产教融合和校企合作的深入发展。通过区块链技术,可以构建一个基于产教融合需求的区块链信息平台。在这个平台上,职业学校、行业组织和企业可以共同注册成为区块链的节点,并实现信息的实时共享和交互。这不仅可以促进各方之间的沟通与合作,还可以提高产教融合和校企合作的效率与效果。

区块链信息平台是区块链技术在产教融合和校企合作中应用的重要载体。通过搭建区块链信息平台,可以实现产教融合大数据、地方产教融合信息以及国家学分银行等各类信息的集成和共享。同时,平台还可以提供智能化的数据分析和决策支持服务,以帮助各方更好地了解市场需求和人才培养情况。

在搭建区块链信息平台的基础上,还需要完善平台的功能和服务。例如,可以开发智能合约来规范产教融合各方的权利和义务;可以建立区块链学习记录系统来记录学生的学习过程和成果;可以开发区块链教育资源库来整合优质的教育和实训资源;等等。这些功能和服务将有助于提高区块链信息平台的使用价值和效益。

在产教融合和校企合作中，需要构建多元共治体系来保障各方的利益和权益，而区块链技术为多元共治体系的构建提供了有力支持。通过区块链技术中的智能合约机制，可以实现各方之间的契约关系和数据共享机制。这不仅可以提高各方的信任度和合作意愿，还可以降低合作成本和风险。

3. 学习成果记录和评价

区块链技术还可以应用于学习成果的记录和评价中。通过区块链技术，可以建立一个基于分布式学习记录与存储的学习成果记录系统。在这个系统中，学生的学习过程和成果将被实时记录并保存在区块链上。同时，通过智能合约机制可以实现对学生学习成果的自动化评价和认证。这不仅可以提高学习成果记录和评价的准确性和可信度，还可以降低评价成本和风险。

区块链技术可以实现对学生学习过程的实时记录和存储。在区块链学习记录系统中，学生的线上学习过程和线下学习成果都将被实时记录，并保存在区块链上，而这些记录将成为学生学习成果评价的重要依据和参考。同时，系统还可以提供可视化的学习进度报告和成绩分析报告等支持服务，帮助学生更好地了解自身的学习情况并制订相应的学习计划。

区块链技术还可以实现对学生学习成果的全面考核和评价。在区块链学习记录系统的基础上，可以开发基于区块链技术的考核评价系统。这个系统可以通过智能合约机制实现对学生学习成果的自动化考核和评价，并生成详细的考核报告和成绩报告等支持服务。同时，系统还可以提供多维度的学习成果展示和分享功能，帮助学生展示自己的学习成果，并与其他人进行交流和分享。

人工智能、大数据、区块链等前沿技术在职业教育中的应用，正在逐步深入和拓展。这些技术的应用不仅改变了传统的教学模式和管理方式，还促进了教育资源的优化配置和教育质量的全面提升。未来，随着技术的不断发展和完善，这些技术在职业教育中的应用将更加广泛和深入。例如，人工智能技术将进一步实现个性化教学和智能辅导等功能；大数据技术将进一步优化教育资源配置和学生学情分析等服务；区块链技术将进一步推动学分认证和证书管理以及产教融合和校企合作等领域的创新和发展。同时，这些技术之间的融合也将为职业教育带来更多的可能性和机遇。因此，我们需要不断地关注和研究这些技术在职业教育中的应用和发展趋势，以推动职业教育的现代化和高质量发展。

二、技术发展对职业教育数字化转型的推动作用

新技术的发展，特别是人工智能（AI）、大数据、区块链等前沿技术的不断进步，对职业教育数字化转型产生了深远且显著的推动作用。这些技术的应用不仅改变了传统的教学模式和管理方式，还促进了教育资源的优化配置、教育管理的精细化和教育质量的全面提升。

（一）推动教学模式的创新与变革

1. 个性化教学

新技术的发展使得个性化教学成为可能。通过大数据分析，职业院校可以精准地识别学生的学习特点和需求，为每位学生提供定制化的学习方案。例如，利用 AI 技术，系统可以分析学生的学习行为、学习进度和成绩表现，智能推荐适合的学习资源和练习题，以帮助学生更好地掌握知识和技能。这种个性化教学方式不仅能够提高学生的学习兴趣和积极性，还能够提升教学效果和学习成果。

2. 虚拟仿真教学

虚拟现实（VR）和增强现实（AR）等技术的应用，为职业教育带来了全新的教学方式——虚拟仿真教学。通过虚拟仿真技术，学生可以身临其境地参与到各种实际操作和场景中，获得更加真实和直观的学习体验。这种教学方式不仅能够提高学生的实践能力和操作技能，还能够降低教学成本和风险。例如，在汽车维修、医疗护理等领域，虚拟仿真教学已经成为重要的教学手段之一。

3. 远程在线教学

随着互联网技术的普及和深入发展，远程在线教学已经成为职业教育的重要组成部分。通过在线教学平台，学生可以随时随地接入课堂，与教师和同学进行交流和互动。这种教学方式不仅打破了时间和空间的限制，还能够扩大教学资源的覆盖面和影响力。同时，利用 AI 技术，在线教学平台还可以实现自

动评阅、智能辅导等功能,提高教学的效率和质量。

(二)促进教育资源的优化配置与共享

1. 数字化教育资源建设

新技术的发展推动了数字化教育资源的建设和发展。通过数字化手段,可以将传统的纸质教材、视频、音频等资源转化为数字资源,并通过网络平台进行共享和传播。这些数字化教育资源具有类型丰富、存储方便、无限复制、跨时空传播等特点,能够打破教育资源分布和应用的时间、空间限制,实现优质教育资源的均衡配置和共享。例如,国家智慧教育公共服务平台的建设和推广,就为职业教育提供了丰富的数字化教育资源支持。

2. 共建共享机制

在新技术发展的推动下,职业院校之间开始建立共建共享机制。通过校际合作、校企合作等方式,可以实现数字化教育资源的共享和互补。这种共建共享机制不仅能够提高教育资源的利用效率和质量,还能够促进职业院校之间的交流与合作。例如,一些职业院校通过建立校际联盟或行业联盟等方式,共同开发和建设数字化教育资源库与在线教学平台等。

(三)提升教育管理的精细化与智能化

1. 智能化管理系统

新技术的发展为教育管理提供了智能化的手段。通过智能化管理系统,可以实现教学过程的实时监控和预警、教学资源的优化配置和调度等功能。这些智能化管理系统不仅能够提高教育管理的效率和质量,还能够降低管理成本和风险。例如,一些职业院校通过引入智能排课系统、智能监考系统等,实现了教学管理的智能化和精细化。

2. 数据驱动决策

大数据技术为职业教育管理提供了数据支持。通过收集和分析教育教学过程中的大量数据,可以了解学生的学习情况、教师的教学情况、教学资源的使用情况等信息,这些信息可以为教育管理者提供科学的决策依据和参考。例如,通过分析学生的学习数据,可以了解学生的学习需求和困难所在;通过分析教师的教学数据，可以评估教师的教学水平和教学质量；等等。这些数据驱动决策的方式能够使教育管理更加科学、精准和有效。

（四）推动产教融合的深化与发展

1. 数字化服务平台建设

新技术的发展推动了产教融合数字化服务平台的建设。通过数字化服务平台，可以实现职业教育与企业之间的紧密连接和合作。这些平台不仅可以提供在线学习、实训操作等服务功能，还可以为企业提供人才培养、技术研发等支持服务。例如，一些职业院校与企业合作建立了数字化实训基地或创新中心等机构，通过数字化手段实现人才培养与企业需求的精准对接和匹配。

2. 精准匹配需求

大数据技术为产教融合提供了精准匹配需求的手段。通过收集和分析市场数据、企业数据等信息资源，可以了解企业的人才需求和技能需求等信息。这些信息可以为职业院校提供有针对性的教学方案和人才培养计划等支持服务，例如，通过分析市场需求数据和企业经营数据等信息资源，可以了解企业对某类人才的需求量和技能要求等信息，然后根据这些信息制订相应的教学方案和人才培养计划等支持服务，以满足企业的需求。

（五）增强职业教育社会服务能力

1. 提升职业培训效果

新技术的发展使得职业培训效果得到了显著的提升。通过利用虚拟仿真技术、在线教学平台等手段，可以模拟真实的工作场景和操作流程等，进行训练和实践操作等教学活动，从而提高学生的实践能力和操作技能等职业素养水平，并使得培训效果更加显著。此外，利用大数据技术对培训过程进行监控和分析等，也可以及时地发现问题，并采取相应的改进措施以优化培训效果等。

2. 拓宽就业渠道

新技术的发展为职业教育拓宽了就业渠道。通过互联网平台、社交媒体等手段，可以将招聘信息和求职信息等信息资源进行汇聚和共享，从而为求职者提供更多的就业机会和选择空间等，同时也为企业招聘合适的人才提供了便利和支持等服务功能。此外，利用大数据分析等技术手段还可以对就业市场进行预测和分析等操作，从而为职业院校制订相应的人才培养计划和就业指导策略等提供科学依据和参考等支持服务。

（六）挑战与展望

尽管新技术的发展为职业教育数字化转型带来了诸多机遇，但同时也面临着一些挑战和问题等制约因素。例如，技术应用成本高、技术普及难度大、教师信息技术能力有限等问题，都可能影响新技术在职业教育中的应用效果和推广范围等方面的发展进程。

在新技术的不断发展和完善，以及政策支持力度的不断加大等有利条件的推动下，职业教育数字化转型将呈现出更加广阔的发展前景和潜力等特征表现，同时也将为经济社会发展做出更加积极和重要的贡献等。因此，我们需要不断地关注和研究新技术在职业教育中的应用和发展趋势等方面的问题，并积极采取措施来推动其向更高水平发展。

第二节　职业教育生态系统的重构

一、数字化转型催生产教融合新模式

数字化转型在推动产教融合、催生新模式方面发挥着至关重要的作用。通过人工智能（AI）、大数据、区块链等新技术的应用，产教融合的参与主体得以更加紧密地连接，信息流通更加高效，资源分配更加合理，从而催生出了一系列新的产教融合模式。

（一）数字化转型对产教融合的影响

1. 信息流通与资源共享的加速

数字化转型的核心在于信息的数字化处理与流通。在产教融合的过程中，各参与主体（包括政府、学校、企业等）通过数字化平台实现信息的实时共享

与交互。这种高效的信息流通方式打破了传统模式下信息孤岛的局面，使得产教融合的各个环节能够更加紧密地衔接起来。例如，学校可以及时了解企业的用人需求和技术的发展趋势，从而调整课程设置和教学内容；企业也可以借助学校的科研力量进行技术攻关和产品创新。

2. 资源分配的优化与增效

数字化转型促进了产教融合资源的优化配置与增效。通过大数据分析和人工智能技术，可以精准地识别产教融合过程中的资源需求与供给状况，从而实现资源的精准匹配与高效利用。例如，政府可以根据产教融合的实际需求，制定更加科学合理的资源配置政策；学校和企业则可以根据各自的优势和特长，共同开展科研项目和人才培养工作。

3. 治理关系的转变与协同能力的提升

数字化转型带来了产教融合治理关系的转变与协同能力的提升。在传统模式下，产教融合的参与主体之间往往存在信息不对称、沟通不畅等问题，导致协同效率较低。而数字化转型则通过构建多层、网状、动态、多变的治理关系，使得各参与主体能够更加紧密地协作起来。例如，通过区块链技术构建的去中心化平台，可以确保产教融合过程中的数据交换、资源共享和协作决策过程更加公正、透明，从而提升协同效率和信任度。

（二）数字化转型催生的产教融合新模式

1. 平台化产教融合模式

平台化产教融合模式是指通过构建数字化平台，将政府、学校、企业等产教融合参与主体连接起来，实现资源的共享与优化配置。在这种模式下，平台成为产教融合的核心载体，通过提供信息服务、资源共享、协同创新等功能，促进产教融合的深入发展。例如，教育部联合行业领先企业和教育服务企业实施的"ICT产教融合创新基地"项目，就是平台化产教融合模式的一个典型例子。该项目通过构建数字化平台，将政府、学校、企业等各方资源连接起来，共同开展产教融合创新实践，取得了显著的成效。

2. 数据驱动的产教融合模式

数据驱动的产教融合模式是指利用大数据和 AI 技术,对产教融合过程中的海量数据进行深度挖掘与分析,从而精准地识别产教融合的需求与痛点,并据此制定科学合理的解决方案。在这种模式下,数据成为产教融合决策的重要依据和支撑。例如,通过大数据分析可以精准地识别产业中需要职业教育技能人才的岗位与环节,并统计和估算人才的缺口数量;通过与产业链的数据分析对比,可以密切关注职业教育技能人才的急需岗位,细化专业设置和灵活调整专业布局。此外,还可以利用 AI 技术开展智能数据分析,识别参与主体的个性化需求,并精准匹配、组建跨专业跨区域的科研创新团队,协同攻克企业生产一线面临的生产性和技术性难题。

3. 去中心化的产教融合模式

去中心化的产教融合模式是指利用区块链等去中心化技术,构建去中心化的产教融合平台。在这种模式下,任何一个参与主体都可以成为中心节点,通过区块链的共识机制和智能合约技术,实现数据的共享与协作决策过程的公正、透明。这种去中心化的模式有助于避免传统模式下多头领导和组织层次复杂化的问题,以提升产教融合的运行效能和信任度。例如,利用区块链技术构建的去中心化产教融合平台,可以实现资源的共建共享和价值共创意愿的提升;通过分布式网络技术实现信息实时反馈与响应,有利于提升产教融合的运行效能和响应速度。

4. 协同育人的产教融合模式

协同育人的产教融合模式是指政府、学校、企业等多方主体共同参与人才培养过程的一种模式。在这种模式下,各方主体根据各自的优势和特长共同制订人才培养方案和教学计划;通过联合共建实验室、实训基地等方式,为学生提供实践锻炼的机会;通过互派教师和企业导师等方式,实现教学资源的共享与互补。这种协同育人的模式有助于提升学生的综合素质和就业能力,同时也能够满足企业对高素质技能人才的需求。例如,数字媒体技术专业人才培养的"三步走"模式就是一种协同育人的产教融合模式。该模式通过提前布局加强学生实践能力培养、探索多方受益的长效合作机制，以及推动师资工程实践水平的提升等措施，实现了学校与企业的深度产教融合和协同育人目标。

（三）具体案例

1. 北部湾大学 ICT 产教融合创新基地

北部湾大学积极响应国家"引导一批普通本科高校向应用技术型高校转型"的战略部署，与北京华晟经世信息技术股份有限公司等企业共建 ICT 产教融合创新基地。该基地引入了 ICT 行业先进的企业级设备和技术资源，通过企业工程师驻校服务以及校企联合推进实践教学、资源建设、人才培养等工作，为北部湾地区 ICT 产业输送了一大批应用型人才。这一项目不仅显著提升了学校的"应用型"办学特色，同时也为区域经济的增长和产业结构的优化升级提供了有力推动。

2. 数字媒体技术专业的"三步走"产教融合模式

数字媒体技术专业针对新时代数字化转型的需求，探索了"三步走"的产教融合模式。该模式首先以提升学生实践能力为目标进行课程联合建设；其次是推动师资工程实践水平的提升和双师型教师队伍的建设；最后是建立双师型教师工作室，并打造创新实践平台对接企业的实际需求。通过这一模式的实施，数字媒体技术专业成功地培养了一批掌握核心技术、具备跨界协作能力的高水平应用创新型人才。这些人才不仅具备扎实的理论基础和专业技能，还具备较强的实践能力和创新思维，能够满足数字经济时代对人才的需求。

3. 苏州大学应用技术学院的产教融合实训基地

苏州大学应用技术学院通过打造产教融合实训基地，提升高校服务地方产业的能力。该学院建设的实训基地集教学、科研、生产于一体，为师生提供了丰富的实践机会和创新平台。通过与企业合作开展项目实践教学和科研创新活动，学院不仅提升了学生的实践能力和职业素养，还促进了科研成果的转化和应用。同时，该实训基地还成为地方产业发展的重要支撑点，推动了区域经济的繁荣和发展。

数字化转型在推动产教融合催生新模式方面发挥了重要作用。通过平台化、数据驱动、去中心化和协同育人等模式的探索与实践，产教融合的参与主体得以更加紧密地连接和协作起来，实现了资源的优化配置与增效，以及治理关系的转变与协同能力的提升。未来随着新技术的不断发展和应用，产教融合的新模式将不断涌现，从而为职业教育和产业发展注入新的活力和动力。

二、数字化转型促进职业教育与终身学习的有机结合

数字化转型在促进职业教育与终身学习的有机结合方面，发挥着至关重要的作用。随着信息技术的迅猛发展和普及，数字化已经成为推动教育变革的重要力量，它不仅改变了传统教育的模式和形态，也为职业教育和终身学习的深度融合提供了新的机遇和可能。

（一）数字化转型对职业教育与终身学习融合的影响

1. 学习资源的丰富与共享

数字化转型极大地丰富了职业教育和终身学习的资源。通过数字化平台，各类教育机构和资源提供者可以便捷地发布和分享优质的教育资源，包括课程视频、教学课件、实训项目等。这些资源覆盖了广泛的学科领域和职业技能，满足了不同学习者的多样化需求。同时，数字化平台还实现了资源的跨地域、跨时空共享，使得学习者可以随时随地获取所需的学习资源，打破了传统教育资源的局限性和封闭性。

2. 学习方式的灵活与便捷

数字化转型为职业教育和终身学习提供了更加灵活和便捷的学习方式。在线学习、混合式教学、翻转课堂等新兴教学模式的兴起，使得学习者可以根据自己的时间、地点和兴趣选择合适的学习方式。这种灵活性和便捷性不仅提高了学习者的学习效率和自主性，也促进了学习方式的个性化和多样化发展。此外，数字化平台还提供了丰富的学习工具和服务，如在线测评、学习社区、智能推荐等，进一步增强了学习者的学习体验感，提高了学习效果。

3. 教育体系的开放与包容

数字化转型推动了职业教育和终身学习体系的开放与包容。传统教育体系

往往存在封闭性、单一性和排他性等问题,而数字化转型则打破了这些壁垒,促进了教育资源的开放共享和教育机会的公平获取。通过数字化平台,不同背景、不同需求的学习者都可以获得优质的教育资源和服务,实现了教育资源的均衡分配和教育机会的广泛覆盖。这种开放性和包容性不仅促进了职业教育和终身学习的普及和发展,也推动了社会整体教育水平的提升和进步。

(二)数字化转型促进职业教育与终身学习有机结合的具体措施

1. 构建数字化学习平台

构建数字化学习平台是促进职业教育与终身学习有机结合的重要措施之一。通过构建统一的数字化学习平台,可以整合各类教育资源与服务,为学习者提供一站式的学习解决方案。该平台应具备丰富的课程资源、便捷的学习工具、智能的推荐系统和完善的学习支持服务等功能,以满足学习者的多样化需求。同时,平台还应支持多种学习方式的灵活切换和混合使用,如在线学习、混合式学习、翻转课堂等,以适应不同学习者的学习习惯和偏好。

2. 推动职业教育课程数字化

推动职业教育课程数字化是促进职业教育与终身学习有机结合的关键环节。通过数字化手段对职业教育课程进行改造和升级,可以使其更加符合学习者的需求和特点。具体而言,可以采取以下措施:一是将传统教材转化为数字化教材,利用多媒体技术呈现课程内容;二是开发在线课程和视频教学资源,为学习者提供多样化的学习选择;三是建设虚拟仿真实训基地和实验室,为学习者提供接近真实的实训环境和条件;四是推动校企合作开发课程项目和教学案例,实现课程内容与实际工作的紧密对接。

3. 加强终身学习体系建设

加强终身学习体系建设是促进职业教育与终身学习有机结合的重要保障。终身学习体系是一个包括学前教育、基础教育、职业教育、高等教育、继续教育等在内的完整教育体系。通过数字化转型可以推动各教育阶段的有机衔接和资源共享,形成覆盖全生命周期的学习网络。具体而言,可以采取以下措施:一是建立终身学习账户制度,记录学习者的学习历程和成果;二是推动学分银行建设，实现不同的教育阶段和类型之间的学分互认和转换；三是加强继续教育和职业培训体系建设，为学习者提供持续的学习机会和支持；四是推动学习社区和学习型城市建设，营造全民学习的良好氛围和环境。

（三）具体案例

1. 国家智慧教育平台

国家智慧教育平台是我国推进职业教育与终身学习有机结合的重要举措之一。该平台由教育部主导建设，集成了丰富的职业教育资源和终身学习服务。通过该平台，学习者可以随时随地访问各类在线课程、教学资源和实训项目等。同时，该平台还支持多种学习方式的灵活切换和混合使用。此外，该平台还提供了智能推荐系统和个性化学习路径规划等功能，以满足学习者的个性化需求。截至 2024 年 9 月，国家智慧教育平台的浏览量已超百亿次，访客总量也达到了数十亿人次，已成为全球最大的教育资源库之一。该平台不仅促进了职业教育和终身学习的普及和发展，而且推动了我国教育体系的开放与包容，同时实现了教育资源的均衡配置与共享。

2. 杭州"15 分钟学习圈"

杭州市积极打造"15 分钟学习圈"项目，该项目是职业教育与终身学习的有机结合。该项目通过建设覆盖全市的社区学习中心和数字化学习平台，为居民提供便捷的学习机会和服务。具体而言，该项目在社区内设立了多个学习点，配备了计算机、网络、图书等资源，并定期开展各类培训课程和活动，以满足居民的学习需求。同时，该项目还利用数字化平台提供在线学习资源和服务，使居民可以随时随地进行学习。通过该项目，杭州市成功地构建了覆盖全市的终身学习网络，为居民提供了便捷、高效、个性化的学习服务，推动了职业教育的普及和发展，以及终身学习的深入实践。

3. 上海终身教育学分银行

上海市构建了终身教育学分银行体系，是职业教育与终身学习的有机结合。该体系通过建立学分账户制度和学分互认机制，实现了不同的教育阶段和类型之间的学分转换和积累。具体而言，该体系为每位学习者建立一个学分账户，用于记录其在学习过程中的学分获得情况。同时，该体系还建立了学分互认机制，实现了不同的教育机构之间学分的互认和转换。通过这种方式，学习者可以在不同的教育机构之间自由流动，选择适合自己的学习路径和方式。该体系不仅促进了职业教育和终身学习的普及和发展，也提高了学习者的学习积极性和自主性，推动了教育体系的开放与包容，以及教育资源的均衡配置和共享。

数字化转型在促进职业教育与终身学习的有机结合方面发挥着重要的作用。通过构建数字化学习平台、推动职业教育课程数字化、加强终身学习体系建设等措施，可以实现职业教育与终身学习的深度融合和协同发展。这不仅有助于提升学习者的综合素质和就业能力，也有助于推动社会整体教育水平的提升和进步。未来，随着信息技术的不断发展和普及，职业教育与终身学习的有机结合将会迎来更加广阔的发展前景。

第三节 数字化转型在职业教育中的地位及其影响

一、数字化转型在职业教育中的重要地位

（一）顺应时代发展趋势

随着信息技术的迅猛发展，人类社会已经进入数字化时代。数字化、网络化、智能化成为经济社会发展的重要特征。职业教育作为国民教育体系和人力资源开发的重要组成部分，必须顺应这一时代的发展趋势，加快数字化转型的步伐。数字化转型不仅是职业教育自身发展的内在要求，也是应对外部挑战、提升核心竞争力的必然选择。

（二）支撑经济社会发展

职业教育与经济社会发展密切相关，是培养高素质技能型人才的重要途径。数字化转型能够推动职业教育与产业深度融合，促进教育链、人才链与产业链、创新链的有效衔接。通过数字化手段，职业教育可以更加精准地对接市场需求

和产业发展趋势，为经济社会发展提供有力的人才支撑和智力支持。

（三）提升教育质量与效率

数字化转型能够显著地提升职业教育的质量和效率。数字化教学平台、教学资源、教学工具等的应用，使得教学内容更加丰富、教学手段更加多样、教学评估更加精准。同时，数字化管理系统的引入也使得学校的管理变得更加科学、规范和高效。这些变化都有助于提升职业教育的整体质量和水平。

二、数字化转型在职业教育中的具体作用

（一）优化教学资源配置

数字化转型实现了教学资源的优化配置和共享。一方面，数字化平台能够汇聚海量的优质教学资源，包括课程视频、教学课件、实训项目等，为师生提供丰富的学习材料和参考资源。另一方面，数字化平台还支持教学资源跨地域、跨时空共享，使得优质教育资源能够覆盖更广大的区域和更广泛的人群。这种优化配置和共享机制有助于提升职业教育的教学质量和效果。

（二）创新教学模式与方法

数字化转型推动了职业教育教学模式和方法的创新。传统教学模式往往以教师为中心，以课堂讲授为主要方式，难以满足学生个性化、多样化的学习需求。而数字化转型则强调以学生为中心，注重培养学生的自主学习能力和创新精神。通过引入在线学习、混合式教学、翻转课堂等新兴教学模式，以及利用虚拟现实（VR）、增强现实（AR）等先进技术手段，职业教育可以为学生提供更加灵活、便捷、高效的学习方式。这些创新的教学模式和方法有助于激发学生的学习兴趣和积极性，提高学习效果和满意度。

（三）促进校企合作与产教融合

数字化转型促进了职业教育与产业的深度融合和校企合作。通过数字化平台和技术手段，职业教育可以更加紧密地对接市场需求和产业发展趋势，了解企业的用人需求和岗位标准。同时，数字化平台还可以为校企合作提供便捷的沟通与协作工具，促进双方在人才培养、技术研发、成果转化等方面的深度合

作。这种深度融合和校企合作有助于提升职业教育的针对性和实效性，为学生提供更加贴近实际工作场景的学习机会和实践平台。

（四）提升师资队伍水平

数字化转型对职业教育师资队伍提出了更高的要求。为了适应数字化教学和管理的新要求，教师需要不断地提升自己的数字化素养和技能水平。数字化转型为师资队伍建设提供了有力的支持：一方面，数字化平台可以为教师提供丰富的在线学习资源和培训机会，帮助他们掌握新的教学理念和方法；另一方面，数字化平台还可以支持教师的个人成长和职业发展，为他们提供更多的展示和交流机会。这些措施有助于提升职业教育师资队伍的整体素质和能力水平。

（五）强化教学质量评估与反馈

数字化转型强化了职业教育的教学质量评估与反馈机制。传统的教学质量评估往往依赖于单一的考试成绩或教师评价等方式，难以全面、客观地反映学生的学习情况和教师的教学效果。而数字化转型则可以利用大数据、人工智能等技术手段，对学生的学习行为、学习成果、学习反馈等数据进行全面采集和分析。这些数据可以为教学质量评估提供更加客观、准确的依据和参考。同时，数字化平台还可以支持实时的教学反馈和互动交流，帮助教师及时了解学生的学习情况，并调整教学策略和方法。这种强化的教学质量评估与反馈机制有助于提升职业教育的教学质量和效果。

数字化转型在职业教育中的重要地位与作用不言而喻。它不仅是职业教育自身发展的内在要求，也是应对外部挑战、提升核心竞争力的必然选择。未来随着信息技术的不断发展和普及，职业教育数字化转型的步伐将进一步加快，其重要地位和作用也将愈发显著。我们期待在未来的发展中看到更多创新性的数字化解决方案和实践案例，为职业教育的高质量发展注入新的活力和动力。

第二篇
职业教育数字化转型中的新技术应用与实践

第七章　人工智能技术在数字化转型中的应用与实践

第一节　人工智能技术与职业教育

在 21 世纪的科技浪潮中，人工智能（Artificial Intelligence, AI）作为一股不可忽视的力量，正以前所未有的速度渗透到社会的各个角落，重塑着我们的生活方式、工作模式乃至教育理念。职业教育作为连接教育与产业、培养高技能人才的关键环节，正面临着前所未有的挑战。在这个背景下，探讨人工智能技术在职业教育数字化转型中的应用，不仅是对当前教育趋势的深刻洞察，更是对未来教育形态的前瞻布局。

一、人工智能技术的定义与发展历程

人工智能，简而言之，是指由计算机系统所表现出的智能行为，它能够理解环境、学习知识、解决问题，并在某些情况下做出决策，以完成特定任务。这一概念自 20 世纪中叶提出以来，经历了从符号主义、连接主义到深度学习等多个发展阶段，每一步都伴随着算法、算力及数据量的飞跃式提升。特别是近年来，随着大数据、云计算、物联网等技术的快速发展，人工智能迎来了前

所未有的发展机遇，其在图像识别、语音识别、自然语言处理、机器学习等多个领域取得了突破性进展，为各行各业带来了深刻的变革。

二、人工智能技术在职业教育中的应用现状

当前，人工智能技术在职业教育中的应用已初具规模，主要体现在以下五个方面：

①智能教学系统：通过 AI 算法分析学生的学习行为、兴趣爱好、能力水平等信息，为每位学生定制个性化的学习路径和教学内容，实现"因材施教"。同时，智能教学系统还能实时监测学生的学习进度和效果，及时调整教学策略，提供即时反馈，帮助学生高效地掌握知识点。

②智能评估与反馈系统：利用 AI 技术，可以实现自动化作业批改、在线测试评分等功能，大大提高了评估效率。此外，AI 还能通过分析学生的答题情况，精准定位学生的薄弱环节，提供有针对性的辅导和练习，助力学生快速提升成绩。

③智能资源管理系统：借助 AI 技术，可以对海量的教学资源进行智能分类、标签化处理，方便师生快速检索和获取所需资源。同时，AI 还能根据学生的学习需求和兴趣偏好，推荐相关的学习资料和课程，实现资源的精准匹配和高效利用。

④虚拟实训环境：利用虚拟现实（VR）和增强现实（AR）技术，可以构建高度仿真的实训场景，让学生在接近真实的工作环境中进行技能操作训练。这种沉浸式的学习方式不仅提高了学生的实践能力和操作技能，还增强了学习的趣味性和互动性。

⑤智能管理与服务：AI 技术在职业教育管理中的应用也日益广泛，如智能排课、学籍管理、教学质量监控等。这些应用不仅提高了管理效率，还为师生提供了更加便捷、高效的服务体验。

第二节　人工智能技术在数字化转型中的应用场景

一、在智能教学系统的应用场景

智能教学系统作为人工智能技术在职业教育数字化转型中的重要应用之一，其通过深度分析学生特点、实时调整教学策略以及生成适应性教学内容，为个性化学习提供了强有力的支持。

（一）个性化学习

在个性化学习方面，智能教学系统通过AI技术深入分析每位学生的学习特点、兴趣爱好、能力水平以及学习风格等关键信息。这些信息可能来源于学生的学习历史记录、在线测试成绩、互动行为，以及问卷调查等多种渠道。基于这些数据的综合分析，系统能够为每位学生量身定制一条独特的学习路径。

这条学习路径不仅考虑了学生的当前知识水平，还预测了他们的未来学习需求。系统会根据学生的掌握情况，智能推荐适合他们的学习资源、课程模块和练习题目。例如，对于某个在编程基础方面较为薄弱的学生，系统可能会推荐更多的编程入门课程和练习题，而对于已经掌握基础编程技能的学生，系统则会推荐更高级的编程课程和项目实践。

此外，智能教学系统还能够根据学生的学习进度和反馈，动态地调整学习路径。如果学生在某个知识点上遇到困难，系统会增加相关的学习资源和练习题，以帮助学生更好地掌握该知识点。这种个性化的学习路径设计，不仅提高了学生的学习效率，还增强了他们的学习动力和兴趣。

（二）实时反馈

在实时反馈方面，智能教学系统通过AI技术实时监测学生的学习进度、答题情况和互动行为等数据。这些数据被即时分析，以评估学生的学习效果和掌握程度。系统还能快速识别出学生在学习过程中遇到的问题和困难，并即时给予反馈和指导。

例如，当学生在解答某个题目时出错，系统不仅会指出错误，还会提供正确的解题思路和步骤。同时，系统还会根据学生的答题情况，智能推荐相关的练习题和讲解视频，以帮助学生巩固知识点和提升解题能力。这种即时反馈机制，使得学生能够及时纠正错误、弥补不足，从而更加高效地掌握知识和技能。

此外，智能教学系统还能够根据学生的学习表现和反馈，即时调整教学策略和方法。如果某个教学策略的效果不佳，系统会迅速切换到其他策略，以找到最适合学生的教学方式。这种实时调整教学策略的能力，大大提高了教学的针对性和有效性。

（三）内容生成

在内容生成方面，智能教学系统通过AI技术根据学生的学习进度和掌握情况，智能生成适应性的教学内容。这些内容可能包括课程讲义、练习题、项目实践等多种形式。系统还会根据学生的需求和兴趣，定制符合他们水平和学习风格的教学内容。

同时，智能教学系统还能够根据行业动态和技术发展趋势，及时更新和扩展教学内容。这使得学生能够接触到最新的知识和技术，保持与行业的同步发展。这种动态更新和扩展教学内容的能力，大大提高了职业教育的实用性和前瞻性。

智能教学系统在个性化学习、实时反馈和内容生成三个应用场景中发挥着重要作用。它通过深度分析学生特点、实时监测学习进度和生成适应性教学内容，为职业教育提供了更加高效、个性化和实用的教学方式。

二、在智能评估与反馈中的应用场景

智能评估与反馈在教育领域的应用日益广泛，其应用场景涵盖了自动化批改、表现预测以及多维度评价等多个方面。

（一）自动化批改

自动化批改是智能评估与反馈在教育领域最为直观和显著的应用之一。通过 AI 技术，系统能够快速、准确地对学生的作业进行批改，极大地提高了作业批改的效率与准确性。

①效率提升：相比传统的人工批改方式，AI 自动化批改能够在短时间内完成大量作业的批改工作。这不仅减轻了教师的工作负担，还使得教师有更多的时间投入教学研究和课堂互动中。

②准确性提高：AI 技术通过自然语言处理、图像处理等先进技术，能够对学生的作业内容进行深入解析，从而给出更为准确的批改结果。这有助于减少人工批改过程中可能出现的误差和主观判断，提高批改的公正性和客观性。

在实际应用中，智能批改作业系统已经广泛应用于各个学科领域，如数学、语文、英语等。系统能够自动识别学生的答案，与标准答案进行比对，并给出批改结果和反馈意见。同时，一些高级系统还能够对学生的解题过程进行分析，提供更为详细的批改和指导。

（二）表现预测

AI 技术还能够通过分析学生的学习数据和行为模式，预测学生的未来表现，如成绩、学习进步速度等。这种预测能力有助于教师更好地了解学生的学习状况，为学生制订更有针对性的教学计划和策略。

①预测方法：AI 系统通过收集学生的历史成绩、作业完成情况、课堂表现等多维度数据，运用机器学习算法进行分析和建模。通过对这些数据的深入挖掘和关联分析，系统能够识别出影响学生学习表现的关键因素，并据此预测学生的未来表现。

②预测的准确性：随着 AI 技术的不断进步和算法的持续优化，预测结果的准确性也在不断提高。一些先进的系统已经能够实现较高的预测准确率，为教师提供了有力的数据支持。

表现预测的应用场景十分广泛，不仅可以帮助教师更好地了解学生的学习情况，还可以为学校的教育管理和决策提供依据。例如，学校可以根据学生的预测成绩来优化教学资源的分配和课程设置，以提高学校的整体教学质量。

（三）多维度评价

传统的评价体系往往过于单一，仅关注学生的学习成绩而忽视其他方面的表现。而智能评估与反馈系统能够构建包含知识、技能、态度等多方面的评价体系，实现对学生综合素质的全面评价。

①多维度构建：智能评估与反馈系统可以根据不同的评价目标和需求，构建包含多个评价维度的评价体系。例如，在知识维度上，系统可以评估学生对知识点的掌握程度；在技能维度上，系统可以评估学生的实践能力和创新能力；在态度维度上，系统可以评估学生的学习态度和价值观；等等。

②客观公正：通过运用 AI 技术，系统能够实现对多维度评价数据的自动化收集和处理，减少人为因素的影响，提高评价的客观性和公正性。同时，系统还能够根据评价结果给出个性化的反馈和建议，帮助学生更好地了解自己的优势和不足，从而制订更为合理的学习计划和目标。

多维度评价的应用场景同样广泛，不仅适用于学校教育领域的学生评价和教师评价，还可以应用于企业培训、职业资格考试等多个领域。通过构建全面、客观的评价体系，智能评估与反馈系统能够为不同领域的人才选拔和培养提供有力的支持。

第三节　人工智能在数字化转型中的关键技术

人工智能在教育领域的关键技术主要包括自然语言处理、机器学习、深度学习，这些技术的应用极大地丰富了教学手段，提升了教学效果和学习体验。

一、自然语言处理（NLP）

（一）语义理解

自然语言处理在教育领域的应用之一是语义理解，它允许计算机理解和解析学生提出的问题。通过 NLP 技术，智能教学系统能够准确地捕捉学生问题的核心意思，从而提供精准的解答。这种应用不仅提高了回答问题的效率，还增强了学生与计算机之间交互的自然性和流畅性。例如，当学生针对某个知识点提出疑问时，系统能够迅速识别出问题的关键要素，并从知识库中检索出相关信息，以清晰且准确的语言进行回答。

语义理解作为自然语言处理（NLP）在教育领域的重要应用之一，极大地提升了计算机理解和解析学生问题的能力。以下是一个详细的举例说明：

1. 场景设定

假设在一个基于NLP的智能教学系统中，学生小明正在学习物理课程中关于"牛顿第二定律"的内容。小明在学习过程中遇到了一个疑问，于是通过智能教学系统的聊天界面输入了以下问题："牛顿第二定律中提到的力、质量和加速度之间的关系是怎样的？能否举例说明？"

2. 语义理解过程

①问题接收：智能教学系统首先接收到小明的问题，这是一个关于物理知识点的具体询问。

②文本解析：系统利用NLP技术中的分词、词性标注、命名实体识别等词法分析手段，将问题分解为可处理的词汇单元。例如，"牛顿第二定律"被识别为一个专有名词，"力""质量"和"加速度"被识别为关键概念词。

③语义理解：在词法分析的基础上，系统进一步进行句法分析和语义分析。通过依存关系分析等技术，系统理解了"牛顿第二定律"是询问的主题，"力、质量和加速度之间的关系"是询问的核心内容，而"能否举例说明"则表达了对具体案例的需求。

④意图识别：系统识别出小明的意图是想要深入了解牛顿第二定律中，力、质量和加速度之间的具体关系，并希望通过例子来加深理解。

3. 精准解答过程

①知识检索：系统根据问题的核心意思和意图，在其知识库中检索关于"牛顿第二定律"的相关信息和案例。该知识库可能包含了大量的物理定律解释、公式推导、实验案例等内容。

②信息整合：系统从检索到的信息中筛选出最符合小明需求的内容。例如，系统可能会找到牛顿第二定律的公式（$F=ma$，其中 F 是力，m 是质量，a 是加速度），以及一个生动的例子来说明这个公式是如何在实际情境中应用的。

③生成回答：最后，系统使用自然语言生成（NLG）技术，将筛选和整合后的信息转化为清晰、准确的语言，生成答案并呈现给小明。回答可能如下："牛顿第二定律指出，一个物体的加速度与作用在它上面的力成正比，与它的质量成反比。用公式表示就是 $F=ma$，其中 F 代表力，m 代表质量，a 代表加速度。例如，当你用相同的力推一辆空车和一辆满载的车时，空车会获得更大的加速度，因为它的质量较小。"

4. 效果与优势

①提高效率：通过语义理解，智能教学系统能够迅速、准确地捕捉学生问题的核心意思，避免了传统人工解答中可能出现的误解和反复询问，从而提高了回答问题的效率。

②增强交互自然性：NLP 技术使得计算机与学生之间的交互更加自然流畅，就像与真实教师对话一样，这有助于激发学生的学习兴趣和积极性。

③个性化教学：系统还可以根据学生的学习历史、能力水平等信息，提供更加个性化的解答和推荐资源，进一步提升教学效果。

语义理解在教育领域通过 NLP 技术实现了对学生问题的深入理解和精准解答，极大地提升了教学互动的自然性和效率。

（二）情感分析

NLP 中的情感分析功能对于教师调整教学策略具有重要意义。通过分析学生的文本输入（如作业、评论等），系统能够识别出学生的情绪状态，如积极的、消极的或中立的。这种情感分析能够帮助教师了解学生的心理状态和学习态度，从而有针对性地调整教学策略，以更好地满足学生的需求。例如，如果系统监测到学生对某个知识点表现出消极情绪，教师可能会选择采用更具吸引力的教学方法或提供更多的辅导支持。

情感分析作为自然语言处理（NLP）中的一个重要功能，在教育领域为教师调整教学策略提供了有力的支持。以下是一个详细的举例说明,以展示情感分析如何帮助教师更好地了解学生的心理状态和学习态度,并据此调整教学策略。

1. 场景设定

假设在某个在线学习平台上,学生们正在学习一门关于数学的课程。课程包含多个知识点,其中一个是关于"一元二次方程"的。教师在课后收到了学生们提交的作业和相关的评论反馈,其相应的情感分析过程如下:

①文本收集:系统首先收集学生们提交的作业和评论。这些文本数据包含了学生们对课程内容的理解、感受以及他们的学习态度。

②情感分析模型:系统将利用预训练的情感分析模型。这些模型通常基于深度学习技术,如卷积神经网络(CNN)或循环神经网络(RNN),并经过大量标注数据的训练,能够准确地识别文本中的情感倾向。

③情感识别:系统对收集到的文本进行情感分析,识别出每个学生对"一元二次方程"这一知识点的情感状态。情感状态可能分为积极的、消极的或中立的。

④结果汇总:系统将所有学生的情感分析结果进行汇总,生成一个情感分析报告,以便教师能够直观地了解整个班级对这一知识点的情感倾向。

2. 教学策略调整

①发现消极情绪:假设系统检测到大部分学生对"一元二次方程"这一知识点表现出消极的情绪,他们的评论中可能包含诸如"难以理解""太抽象"等负面词汇。

②分析原因:教师根据情感分析结果,进一步分析学生产生消极情绪的原因,可能是知识点本身难度较大,或者是教学方法不够直观、不够有吸引力。

③调整教学策略:针对学生的消极情绪,教师决定调整教学策略。例如,教师可以采用更生动、具体的例子来解释一元二次方程的概念,或者利用动画、视频等多媒体资源来辅助教学,使知识点更加直观、易懂。

④提供辅导支持:此外,教师还可以为感到困惑的学生提供额外的辅导支持,如组织小组讨论、一对一辅导等,以帮助他们更好地理解和掌握这一知

识点。

3. 效果评估

①学生反馈：在实施调整后的教学策略后，教师再次收集学生的反馈。通过情感分析，系统可以检测到学生对"一元二次方程"这一知识点的情感状态是否有所改善，从而评估教学策略调整的效果。

②学习成效：除了情感分析外，教师还可以通过其他方式评估学生的学习成效，如测试成绩、作业完成的质量等。这些评估结果可以进一步验证教学策略调整的有效性。

情感分析在教育领域的应用为教师提供了了解学生心理状态和学习态度的重要途径。通过情感分析，教师可以更加有针对性地调整教学策略，以满足学生的需求，提高教学效果。

二、机器学习（ML）

（一）行为分析

机器学习在教育领域的一个重要应用是行为分析。通过分析学生在学习平台上的行为数据（如浏览记录、答题情况、学习时长等），系统能够识别出学生的学习习惯、兴趣偏好以及可能的学习障碍。这些数据为教师提供了宝贵的参考，使他们能够更准确地预测学生的学习需求，从而为学生提供个性化的学习建议和资源。以下是一个详细的举例说明：

1. 场景设定

假设有一个在线教育平台，该平台记录了每位学生的学习行为数据，包括但不限于浏览记录、答题情况、学习时长、互动频率等。这些数据被实时上传到后台的数据仓库中，供机器学习模型进行分析处理。

2. 行为分析过程

（1）数据收集与预处理。

平台自动收集学生的学习行为数据，包括每次登录的时间、访问的课程页面、观看视频的时长、完成的习题及答题结果等。

对收集到的原始数据进行清洗和预处理,去除噪声数据,如无效的点击、异常的学习时长等,以确保数据的质量和准确性。

(2)特征提取。

从预处理后的数据中提取有意义的特征,如每日学习时长、特定知识点的答题正确率、互动频率(如提问、讨论次数)等。这些特征能够全面反映学生的学习习惯、兴趣偏好以及学习成效。

(3)机器学习模型训练。

使用机器学习算法(如决策树、支持向量机、神经网络等)对提取的特征进行训练,构建行为分析模型。模型通过学习历史数据中的模式,能够识别不同学生的学习特点,并预测其未来的学习行为和需求。

(4)结果输出与应用。

待模型分析完成后,会输出每个学生的行为分析报告,包括学习习惯、兴趣偏好、潜在的学习障碍等。教师根据这些报告,可以更准确地了解学生的学习状态和需求,从而为学生提供个性化的学习建议和资源。

假设以平台上的学生小李为例,其学习行为分析报告显示:学习习惯上,小李每天固定晚上 8 点至 10 点学习,平均学习时长为 2 小时。兴趣偏好上,在浏览记录中,小李对数学和编程课程特别感兴趣,经常反复观看相关视频。学习障碍上,在答题情况中,小李在"算法与数据结构"这一章节的习题正确率较低,显示出一定的学习困难。

基于小李的行为分析报告,教师可以采取以下教学策略:

①个性化学习建议:针对小李对数学和编程的浓厚兴趣,为其推荐更多相关的高级课程和学习资源。鼓励小李参加线上的数学和编程社群,与志同道合的同学交流学习心得。

②学习障碍干预:针对小李在"算法与数据结构"章节的学习障碍,为其提供额外的辅导材料及视频讲解,以帮助他攻破这些难点,并组织线上或线下的辅导课程,对该章节进行集中讲解和答疑。

③学习进度跟踪:定期检查小李在该章节的学习进度和答题情况,及时给

予反馈和鼓励。根据小李的学习成效调整教学策略，确保他能够持续进步。

通过以上行为分析的应用，机器学习不仅帮助教师更准确地了解学生的需求，还为他们提供了科学的数据支持，以便制订更加有效的教学计划。这有助于提升教师的教学质量，促进学生的个性化学习和发展。

（二）效果评估

机器学习还可以用于建立模型来评估学生的学习成效。这些模型基于大量学生的学习数据构建而成，能够准确地预测学生的学习成果。通过定期评估学生的学习成效，教师可以及时地发现学生的学习问题并采取相应的补救措施。此外，这些评估结果也可用于指导教学，帮助教师持续优化教学策略和方法。

机器学习在教育领域的效果评估方面发挥着重要作用，它能够通过建立模型来精准地衡量学生的学习成效，为教师的教学提供有力支持。以下是对该过程的详细举例说明：

1. 模型构建

①数据来源：机器学习模型是基于大量学生的学习数据构建的，这些数据包括但不限于学生的作业成绩、考试成绩、学习时长、互动频率、资源访问记录等，它们是通过在线教育平台、学习管理系统（LMS）或其他教育软件工具收集并整合的。

②模型选择：根据评估目标和数据类型，选择合适的机器学习算法构建模型。常见的算法包括线性回归、决策树、随机森林、梯度提升树（GBDT）、神经网络等。这些算法能够从复杂的数据中挖掘出潜在的模式和规律。

③特征工程：从收集到的原始数据中提取对评估学习成效有用的特征。例如，可以将学生的学习时长、答题正确率、资源访问量等作为特征输入模型中。

2. 学习成效评估

①预测学习成果：训练好的机器学习模型能够根据学生的学习数据预测其未来的学习成果。这种预测可以是具体的分数、等级或排名，也可以是更抽象的学习表现指标。

②定期评估：为了保持评估的时效性和准确性，需要定期（如每周、每月或每学期）对学生的学习成效进行评估。这有助于教师及时发现学生的学习问题和进步情况。

③反馈与调整：评估结果将及时反馈给教师和学生。教师可以通过查看评估报告了解学生的学习成效和存在的潜在问题，并据此调整教学策略和方法。学生也可以通过查看自己的评估结果了解自己的学习情况，以制订更合理的学习计划。

3. 教学改进指导

①问题诊断：评估结果不仅反映了学生的学习成效，还揭示了教学中可能存在的问题。例如，如果模型预测出某一群体的学生在某个知识点上普遍表现不佳，那么教师可能需要反思和调整该知识点的教学方法。

②策略优化：基于评估结果，教师可以优化教学策略和方法。例如，针对学习成效不佳的学生，教师可以提供更加个性化的辅导和支持；对于学生普遍难以理解的知识点，教师可以采用更加直观且生动的教学方法来帮助学生更好地掌握它们。

③持续迭代：教学改进是一个持续迭代的过程。通过不断地收集新的学习数据、评估学习成效、调整教学策略和方法，教师可以逐步优化教学过程，提高教学效果和质量。

假设在一个在线数学课程中，机器学习模型基于学生的学习时长、答题正确率、资源访问记录等数据预测学生的学习成效。通过定期评估，教师发现某一群体的学生在"函数与方程"这一章节上普遍表现不佳。针对这一问题，教师采取了以下措施：

①个性化辅导：为这些学生提供额外的辅导课程和资源，以帮助他们攻克难点。

②教学方法调整：通过实例演示和动画展示等直观、生动的教学方法，来讲解"函数与方程"的内容，以帮助学生更好地理解。

③学习进度跟踪：定期关注这些学生的学习进度和答题情况，及时调整教学策略和方法。

经过一段时间的改进和跟踪评估，教师发现该群体学生在"函数与方程"这一章节上的学习成效有了显著的提升，这表明机器学习在效果评估和教学改进方面发挥了重要作用。

三、深度学习（DL）

（一）图像识别

通过深度学习技术，系统能够实时识别学生在实训操作中的行为，判断其操作是否正确。这种应用不仅提高了实训教学的安全性，还使得学生能够及时获得反馈并纠正错误。例如，在化学实验或机械操作中，系统能够实时监测学生的操作步骤和结果，确保他们遵循正确的流程。

深度学习在图像识别方面的应用为实训教学带来了革命性的变化，特别是在化学实验和机械操作这两个实训场景中，以下是一个详细的举例说明：

1.化学实验实训教学

在化学实验实训中，深度学习图像识别技术的应用极大地提高了教学的安全性和学生的学习效率。

系统通过高清摄像头实时捕捉学生的实验操作画面。利用深度学习模型（如YOLO系列、SSD等）对图像进行快速识别和分析，识别出实验器材、试剂种类、操作步骤等关键信息。

①步骤识别：系统能够识别学生是否按照实验指导手册上的步骤进行操作。例如，在加热试管时是否先预热，添加试剂的顺序是否正确，等等。

②安全监测：实时监测是否存在潜在的安全隐患，如试剂混合不当可能产生的爆炸或有毒气体释放。一旦发现异常操作，系统会立即发出警报，提示学生停止当前操作并寻求指导。

③实时反馈：对于错误的操作步骤，系统能够即时给出反馈，指出错误所在并提供正确的操作方法指导。这有助于学生及时纠正错误，加深对实验原理和操作规范的理解。

使用深度学习图像识别技术，提高了化学实验实训的安全性，降低了因操作不当导致的事故风险；增强了学生的学习体验，使他们能够在实践中快速掌握实验技能；减轻了教师的负担，使他们能够更专注于指导和解答学生的疑问。

2. 机械操作实训教学

在机械操作实训中，深度学习图像识别技术的应用同样具有重要意义。系统通过安装在机械设备上的摄像头实时捕捉学生的操作画面。利用深度学习模型对图像进行分析，识别出操作手势、机械部件位置、运行状态等关键信息。

①手势识别：系统能够识别学生的操作手势是否正确，是否与机械操作规范相符。例如，在启动机械设备前是否按照正确的顺序按下按钮。

②部件位置监测：实时监测机械部件的位置是否处于正确状态。例如，在装配过程中，系统能够判断零件是否安装到位，是否存在松动或错位等问题。

③运行状态评估：通过图像识别技术评估机械设备的运行状态是否正常。例如，监测设备的振动、温度等参数是否在安全范围内。

深度学习图像识别技术提高了机械操作实训的准确性和效率，减少了因操作不当导致的设备损坏和事故风险；增强了学生的实践能力，使他们能够更熟练地掌握机械操作技能；为教师提供了实时的学生操作数据，有助于他们更精准地评估学生的学习进度和操作技能水平。

深度学习在图像识别方面的应用为实训教学带来了显著的变化，不仅提高了教师教学的安全性和效率，还增强了学生的实践能力和学习体验。

（二）语音识别

语音识别是深度学习在教育领域的另一个重要应用。通过语音识别技术，学生可以通过语音与计算机进行交互，从而提高了学习的互动性和便捷性。例如，学生可以通过语音进行提出问题、回答问题或笔记记录等操作，这些操作不仅提高了学习效率，还使得学生能够更加专注于学习内容。

语音识别作为深度学习在教育领域的一个重要应用，极大地提升了学习的互动性和便捷性。以下是几个详细的举例说明：

1. 语音提问与回答

在智能教室或在线学习平台中，学生可以通过语音直接与计算机或智能教学系统进行交互。当学生遇到不理解的知识点时，他们不再需要手动输入问题，而是可以直接用语音提问。例如："请问这个公式的推导过程是怎样的？"语音识别系统将语音转换为文字，并发送给智能教学系统。系统理解问题后，从知识库中检索相关信息，并以语音或文字的形式回答学生。这种方式不仅提高了提问和回答的效率，还使得学生能够更加专注于学习内容，而不被键盘输入等操作分心。

2. 语音笔记记录

在听讲座、课堂上或学习在线课程时，学生可以通过语音记录笔记，而无须手写或使用电子设备打字。系统实时将语音转换为文字，并自动整理成笔记格式。学生可以在课后查看和编辑这些笔记，以便更好地复习和理解学习内容。这种方式不仅提高了笔记记录的速度和准确性，还使得学生能够更加专注于听讲内容，不错过任何重要信息。

3. 语音辅助学习

语音识别技术还可以与其他教育技术结合，为学生提供更加个性化的学习体验。学生可以使用语音与智能教学系统互动，如选择学习路径、调整学习难度等。学生可以通过语音反馈自己的学习进度和感受，以便系统及时调整教学策略。这种方式使得学习过程更加灵活和个性化，有助于学生更好地掌握知识和技能。

4. 语音评测与反馈

在语言学习等需要发音练习的科目中，语音识别技术还可以提供语音评测和反馈功能。学生朗读单词、句子或文章时，系统可以对学生的发音进行识别和分析，评估其发音的准确性、语调、语速等语音特征并给出反馈意见，如指出发音错误、提出建议改进方向等。这种方式有助于学生及时地发现和纠正发音问题，提高语言学习的效果和兴趣。

语音识别技术通过提供语音提问与回答、语音笔记记录、语音辅助学习以及语音评测与反馈等功能，极大地提升了教育领域的互动性和便捷性。这些应用不仅提高了学生的学习效率和学习体验，还使得教育教学过程更加个性化和智能化。

第八章　大数据技术在数字化转型中的应用与实践

第一节　大数据技术与职业教育

一、大数据的定义、特征与价值

（一）大数据的定义

大数据是指规模庞大、复杂度高且难以使用传统数据管理工具对其内容进行捕捉、管理和处理的数据集合。它具有海量、高速、多样等特征，需要采用新的处理模式才能具有更强的决策力、洞察发现力和流程优化能力。在职业教育领域，大数据主要包括学生的学习行为数据、成绩数据、满意度数据、就业市场趋势数据等。

（二）大数据的特征

大数据具有以下四个主要特征：

①体量巨大（Volume）：大数据的体量远远超出了传统数据库软件的处理能力范围，通常以 PB（拍字节）为单位进行计量。在职业教育领域，这意味着需要处理海量的学生数据、教学资源数据等。

②类型繁多（Variety）：大数据不仅包括结构化数据（如数据库中的表格数据），还包括半结构化数据（如 XML、JSON 文件）和非结构化数据（如文本、

图片、视频等）。在职业教育领域，这些数据来自学生的学习记录、作业提交情况、在线交流等多个方面。

价值密度低（Value）：大数据虽然体量巨大，但其中真正有价值的信息却相对较少。在职业教育领域，这意味着需要从大量的数据中挖掘出对教学质量提升、学生满意度提高等有价值的信息。

处理速度快（Velocity）：大数据的生成和处理速度非常快，系统能够在极短的时间内完成数据的采集、存储、分析和挖掘工作。在职业教育领域，这意味着需要实时或准实时地分析学生的学习行为、成绩等数据，以便及时调整教学策略并提供个性化服务。

（三）大数据的价值

大数据的价值主要体现在以下四个方面：

①决策支持：大数据为职业教育的决策提供了科学依据。通过收集和分析学生的学习行为、成绩等数据，机构可以更加精准地把握学生需求和市场趋势，从而做出更加科学的决策。

②个性化服务：大数据技术的应用使得个性化教学成为可能。通过对学生的学习行为、成绩等数据进行分析和挖掘，机构可以为每位学生量身定制学习计划、推荐适合的学习资源等，以提供更加个性化的教学服务。

③资源优化与配置：大数据技术的应用有助于实现教学资源的优化配置。通过收集和分析学生的学习行为、课程需求等数据，机构可以更加精准地预测和把握资源需求的趋势，合理地分配教室、实验设备等教学资源。

④教学质量评估与改进：大数据技术的应用为教学质量的评估与改进提供了有力支持。通过对教学效果、学生满意度等数据进行深入分析，机构可以客观、全面地了解教学质量的状况，发现存在的问题和不足，并有针对性地进行改进。

二、大数据技术在教育行业的应用现状

随着信息技术的飞速发展，大数据技术在教育行业的应用已经取得了显著

的成效。在教育领域，大数据技术的应用主要体现在以下三个方面：

（一）个性化教学

个性化教学是大数据技术在教育行业应用的一个重要方面。通过对学生的成绩、学习行为等数据进行分析和挖掘，高职院校可以为每位学生定制学习计划、推荐适合的学习资源等，以提供个性化的教学服务。这种个性化教学不仅有助于提高学生的学习效果和满意度，还能够激发他们的学习兴趣。目前，越来越多的高职院校开始尝试将大数据技术应用于个性化教学中，并取得了初步成效。

（二）教学质量的评估与改进

大数据技术的应用为教学质量的评估与改进提供了有力支持。通过对教学效果、学生满意度等数据进行深入分析，高职院校可以客观、全面地了解教学质量的状况，发现存在的问题和不足，并有针对性地进行改进。例如，一些高职院校利用大数据技术构建了教学质量评估模型和方法体系，实现了对教学质量的实时监测和动态评估；同时，他们还将评估结果与教师绩效考核、教学资源分配等方面相结合，形成了闭环的教学质量改进机制。

（三）教育资源的优化与配置

大数据技术的应用有助于实现教育资源的优化与配置。通过收集和分析学生的学习行为、课程需求等数据，高职院校可以精准地预测和把握资源需求的趋势，从而合理分配教室、实验设备等教学资源。例如，一些高职院校利用大数据技术构建了教育资源管理系统平台，实现了对教育资源的智能化管理和调度；同时，他们还将教育资源管理与学生选课、教师排课等业务流程相结合，提高了资源利用效率和服务水平。

大数据技术在教育行业的应用已经取得了显著的成效，并为职业教育的数字化转型提供了强大的支撑。随着信息技术的不断发展和普及应用，相信大数据技术在教育领域的应用将会越来越广泛、深入，并为教育事业的持续健康发展注入新的动力和活力。

三、大数据技术在职业教育数字化转型中扮演的角色

随着信息技术的飞速发展,大数据已经成为推动各行各业转型升级的重要力量。在职业教育领域,大数据技术更是扮演着重要角色,为职业教育的数字化转型提供了强大的支撑,具体体现在以下五个方面:

（一）决策的支持者

大数据技术的首要角色是决策的支持者,为决策提供科学依据。通过收集和分析学生的学习行为、成绩、满意度等海量数据,高职院校可以深入了解学生的学习需求、兴趣偏好以及教师的教学效果。这些数据不仅可以帮助机构优化课程设置、改进教学方法,还可以为招生策略、就业指导等提供有力支持。例如,基于大数据分析,机构可以预测哪些课程更受欢迎,哪些教学方法更有效,从而做出更加精准的决策。

（二）个性化教学的推动者

大数据技术的另一个重要角色是职业教育个性化教学的推动者。传统的职业教育模式往往采用统一的教学内容和教学方法,忽视了学生之间的个体差异。而大数据技术的应用则使得个性化教学成为可能,通过对学生的学习行为、成绩等数据进行分析,机构为每位学生量身定制学习计划、推荐适合的学习资源,甚至预测学生的学习进度和可能遇到的困难。这种个性化教学不仅有助于提高学生的学习效果和满意度,还能够激发学生的学习兴趣。

（三）教学质量评估与改进的辅助者

大数据技术在职业教育数字化转型中还扮演着教学质量评估与改进的辅助者角色。通过对教学效果、学生满意度等数据进行深入分析,高职院校可以客观、全面地了解教学质量的状况,发现存在的问题和不足,然后有针对性地改进教学方法、优化课程设置、提升教师素质等,从而不断地提高教学质量和水平。

（四）资源优化与配置的促进者

大数据技术在职业教育数字化转型中还发挥着资源优化与配置的促进者作用。例如,机构可以根据学生的学习需求和课程安排合理地分配教室、实验设

备等教学资源；同时，他们还可以利用大数据技术挖掘和整合网络上的优质教育资源，为学生提供更加丰富多样的学习选择。这种资源优化与配置不仅有助于提高教育资源利用效率，还能够满足学生的多元化学习需求。

（五）招生与就业指导的助力者

大数据技术在职业教育数字化转型中还扮演着招生与就业指导的助力者角色。通过对招生数据、就业市场趋势等进行分析和预测，机构可以更加精准地制订招生计划和就业指导策略。这种招生与就业指导的精准化不仅有助于提高学生的就业竞争力，还能够增强机构的品牌形象和市场竞争力。

第二节 大数据技术在数字化转型中的应用场景

一、学生分析与个性化教学

在职业教育数字化转型的浪潮中，学生行为数据分析成为提升教学质量、优化学习体验的关键一环。通过对学生在学习过程中的行为数据进行深入分析，高职院校能够精准地把握学生的学习进度、兴趣偏好以及学习难点，进而为每位学生定制个性化的学习计划，实现学习效率与满意度的双重提升。

（一）学习进度分析

学习进度分析是学生行为数据分析的重要组成部分。它旨在通过追踪学生在学习过程中的时间投入、任务完成情况等指标，来评估学生的学习速度和效率。这一分析过程通常涉及以下五个关键步骤：

①数据收集：首先，需要收集学生在学习过程中的各类数据，包括登录时间、学习时长、任务提交情况、作业完成度等。这些数据可以通过学习管理系统（LMS）、在线课程平台或移动应用等渠道来获取。

②数据预处理：收集到的原始数据往往需要进行清洗和整理，消除噪声和异常值，确保分析结果的准确性。预处理步骤可能包括数据去重、缺失值处理、

异常值检测与修正等。

③进度计算：在预处理后的数据基础上，可以计算学生的学习进度。这通常涉及将学生已完成的学习任务与总任务量进行对比，得出进度百分比或具体的学习阶段。

④进度评估：通过对比学生的学习进度与预设的学习目标或课程大纲，可以评估学生是否按计划进行学习，以及是否存在进度滞后或超前的情况。

⑤反馈与调整：根据进度评估结果，高职院校可以及时向学生提供反馈，鼓励其保持或加快学习进度，或针对进度滞后的学生提供额外的课程辅导和教育资源支持。

（二）兴趣偏好分析

兴趣偏好分析旨在深入了解学生对学习内容、教学方式和互动形式的喜好，以便为学生提供更加符合其兴趣的学习资源和体验。这一分析过程通常涉及以下四个方面：

①内容偏好：通过分析学生在学习过程中对不同主题、章节或知识点的关注度和参与度，可以发现学生对哪些内容更感兴趣。这有助于高职院校为学生推荐更相关、更有吸引力的学习资源。

②教学方式偏好：学生对不同教学方式（如视频讲解、图文结合、互动练习等）的接受程度和喜好程度也是兴趣偏好分析的重要方面。通过分析学生在学习过程中的行为数据，可以了解哪种教学方式对学生更有效。

③互动形式偏好：学生在在线课程或学习社区中的互动行为（如提问、回答、评论等）也能反映其兴趣偏好。通过分析这些互动数据，可以了解学生更喜欢哪种形式的互动，从而优化学习社区的氛围和互动机制。

④个性化推荐：基于兴趣偏好分析的结果，高职院校可以为学生提供个性化的学习资源推荐，如相关课程、文章、视频等，这有助于提高学生的学习积极性和满意度。

（三）学习难点分析

学习难点分析旨在识别学生在学习过程中遇到的困难和面临的挑战，以便为学生提供针对性的辅导和支持。这一分析过程通常涉及以下四个步骤：

①难点识别：通过分析学生在学习过程中的错误率、重复学习次数、求助行为等指标，高职院校可以识别出学生在哪些知识点或技能上遇到了困难。

②难点原因分析：在识别出学习难点后，需要进一步分析导致这些难点的原因。这可能涉及知识点本身的复杂性、学生的基础知识水平、学习方式的不适应等多个方面。

③针对性辅导：根据难点分析的结果，高职院校可以为学生提供有针对性的辅导和支持。这可能包括提供额外的学习资源、安排一对一辅导、调整教学方式等。

④难点反馈与改进：学生在学习过程中的难点和反馈也是课程改进的重要依据。通过分析学生的难点数据和反馈意见，高职院校可以不断地优化课程内容和教学方式，以提升教学质量。

（四）个性化学习计划制订

基于对学生行为数据的分析，高职院校可以为每位学生定制个性化的学习计划。这一计划旨在根据学生的学习进度、兴趣偏好和学习难点，为其提供最适合其需求的学习路径和课程内容。个性化学习计划的制订通常涉及以下五个步骤：

①学生画像构建：通过整合学生的学习进度、兴趣偏好、学习难点等多维度数据，可以构建出学生的个性化画像。这个画像能够全面反映出学生的学习特点和需求。

②学习路径规划：根据学生画像，可以为学生规划出最适合其需求的学习路径。这包括确定学习的起点、终点以及沿途的关键节点，以确保学生能够按照合理的顺序和节奏进行学习。

③课程内容定制：在规划好学习路径后，需要为学生定制具体的课程内容。这包括选择适合学生兴趣和学习水平的课程资源、设计针对性的练习和测试、安排合适的互动环节等。

④动态调整与优化：个性化学习计划并不是一成不变的。随着学生在学习

过程中的不断进步和反馈，高职院校需要对计划进行动态调整和优化。这包括根据学生的学习进度调整学习路径，根据兴趣偏好的变化更新课程内容，根据学习难点的解决情况调整辅导策略，等等。

⑤学习支持与辅导：在个性化学习计划的实施过程中，高职院校还需要为学生提供必要的学习支持和辅导。这包括提供学习资源、解答疑问、监督学习进度、提供反馈等。这些支持和辅导可以确保学生能够顺利地完成学习计划，并取得良好的学习效果。

学生行为数据分析在职业教育数字化转型中发挥着至关重要的作用。高职院校通过对学生学习进度、兴趣偏好和学习难点的深入分析，可以为每位学生定制个性化的学习计划，实现学习效率与满意度的双重提升。在这一过程中，数据的收集、预处理、分析和应用都是至关重要的环节，需要高职院校投入足够的资源和精力进行持续优化和改进。

二、教学质量评估与改进

在职业教育领域，教学效果数据分析是评估教学质量、优化教学策略、提升学生满意度的重要手段。通过对学生成绩、满意度、反馈意见等关键数据的深入分析，高职院校可以全面了解教学过程中的优势与不足，进而构建科学的教学质量评估模型，并利用大数据技术对教学质量和效果进行精准评估。在此基础上，高职院校可以根据评估结果调整教学方法和课程内容，从而实现教学质量的持续改进和学生满意度的不断提升。

（一）学生成绩分析

学生成绩是评估教学效果最直接、最客观的指标之一。通过对学生成绩进行细致的分析，高职院校可以了解学生对知识的掌握程度、学习能力的差异以及教学过程中的薄弱环节。

①成绩分布分析：对学生的成绩进行统计和分析，了解整体成绩水平、成绩分布范围以及不同分数段的学生比例。这有助于高职院校全面把握学生的整体学习状况，有效识别出成绩优异的学生，以及那些需要重点辅导和关注的低

分学生。

②成绩趋势分析：通过对比不同时段（如学期初、学期中、学期末）的学生成绩，可以分析学生的学习进步情况和成绩变化趋势。这有助于高职院校了解教学过程中的关键点，及时发现并解决潜在问题。

③成绩与教学内容关联分析：将学生成绩与具体的教学内容、教学方法进行关联分析，可以揭示哪些教学内容或方法对学生的学习效果产生了显著的影响。这有助于高职院校优化教学内容和教学方法，提高教学效果。

（二）满意度分析

学生满意度是评估教学质量的重要指标之一，它反映了学生对教学过程、教学资源、教学环境等方面的整体感受。

①满意度调查设计：为了准确了解学生的满意度，需要设计科学、合理的满意度调查问卷。问卷内容应涵盖教学过程、教学资源、教学环境等多个方面，并采用量化评分或选择题等形式，以便对学生的满意度进行客观评估。

②满意度数据分析：收集到学生的满意度数据后，需要对数据进行整理和分析。这包括计算各项指标的平均分、满意度比例等统计量，以及进行不同群体（如不同专业、不同年级）之间的对比分析。通过这些分析，高职院校可以了解学生对教学的整体满意度以及存在的具体问题。

③满意度与教学效果关联分析：将学生满意度与教学效果（如学生成绩）进行关联分析，可以揭示满意度对教学效果的影响。这有助于高职院校认识到提高学生满意度的重要性，并采取措施优化教学过程，从而提升教学效果。

（三）反馈意见分析

学生的反馈意见是了解教学过程中存在的问题和改进方向的重要来源。高职院校通过对学生反馈意见进行细致的分析，可以及时地发现并解决教学中的问题，提升教学质量。

①反馈意见收集：为了获取学生的真实反馈，需要建立有效的反馈机制，如设置反馈邮箱、召开座谈会等。同时，应鼓励学生积极提出意见和建议，从而更全面地了解教学过程中存在的问题。

②反馈意见整理与分类：收集到学生的反馈意见后，需要对意见进行整理和分类。这包括将意见按照教学内容、教学方法、教学环境等方面进行分类，以及识别出共性问题和个性问题。通过整理和分类，高职院校可以更清晰地了解学生对教学的评价和期望。

③反馈意见分析与应用：对整理后的反馈意见进行深入分析，识别出教学过程中存在的问题和改进方向。针对共性问题，应制订相应的改进措施，如调整教学内容、改进教学方法等；针对个性问题，应与相关学生进行沟通，了解其具体需求和困难，并提供个性化的辅导和支持。

（四）教学质量评估模型构建

基于学生成绩、满意度、反馈意见等数据分析结果，高职院校可以构建科学的教学质量评估模型。该模型应综合考虑多个方面的因素，如教学内容的质量、教学方法的有效性、教学环境的舒适度等，以全面评估教学质量。

①评估指标确定：首先需要确定教学质量评估的具体指标。这些指标应涵盖教学过程的各个方面，并能够客观反映教学质量的高低。例如，可以将学生成绩、满意度、反馈意见等作为评估指标，并为其设定相应的权重和评分标准。

②评估模型构建：在确定评估指标后，需要构建教学质量评估模型。这包括设计评估流程、制定评估标准、选择评估方法等。评估模型应具有可操作性和可重复性，以便在不同的教学场景中进行应用。

③评估结果应用：教学质量评估模型的应用是评估工作的关键环节。通过应用评估模型，可以对教学过程进行定期或不定期的评估，及时发现并解决存在的问题。同时，评估结果还可以作为教学改进和优化的重要依据，为高职院校提供决策支持。

（五）利用大数据技术评估教学质量和效果

大数据技术的快速发展为教学质量评估提供了新的手段和方法。通过利用大数据技术，高职院校可以对海量的教学数据进行高效的处理和分析，从而更准确地评估教学质量和效果。

①数据整合与清洗：首先需要对收集到的教学数据进行整合和清洗。这包括将不同来源、不同格式的数据进行统一处理，以及去除数据中的噪声和异常值等。数据整合与清洗可以为后续的数据分析提供准确可靠的基础。

②数据挖掘与分析：在数据整合与清洗的基础上，可以利用数据挖掘技术对教学数据进行深入分析。这包括利用关联规则挖掘、聚类分析等方法，发现教学过程中的潜在规律和存在的问题。通过数据挖掘与分析，高职院校可以更深入地了解教学过程中的优势与不足，为教学改进提供有力支持。

③可视化展示与决策支持：为了更直观地展示教学质量和效果评估结果，可以利用数据可视化技术，将分析结果以图表、报告等形式进行展示。这有助于高职院校更清晰地了解教学过程中的问题和改进方向，并为决策提供数据支持。同时，可视化展示还可以提高学生对教学效果的理解和认可度。

（六）教学策略优化

基于教学质量评估结果，高职院校可以对教学策略进行优化和调整，以提高教学效果和学生满意度。

①教学内容调整：根据评估结果反映出的教学内容问题，可以对教学内容进行调整和优化。例如，针对学生掌握不牢固的知识点，可以增加相关的教学内容和练习；针对学生兴趣不高的内容，可以调整教学方式或引入更有趣的教学资源。

②教学方法改进：评估结果可能反映出某些教学方法的不适用性或效果不佳。针对这些问题，可以对教学方法进行改进和创新。例如，可以尝试采用更加互动和参与式的教学方法，激发学生的学习兴趣和积极性；或者利用现代教育技术手段，如虚拟现实、人工智能等，提升教学的趣味性和有效性。

③教学环境优化：教学环境对教学效果和学生满意度也有重要影响。根据评估结果反映出的教学环境问题，可以对教学环境进行优化和改善。例如，可以改善教室的设施和设备，以提高教学的舒适度和便利性；或者加强教学资源的建设和共享，为学生提供更丰富多样的学习资源。

④持续监测与反馈：教学策略的优化是一个持续的过程。在实施新的教学

策略之后，需要对其进行持续的监测和反馈。这包括收集学生的反馈意见、观察教学效果的变化等。通过持续监测与反馈，可以及时地发现并解决新出现的问题，确保教学策略的优化能够持续有效地提高教学效果和学生满意度。

教学效果数据分析是评估教学质量、优化教学策略、提升学生满意度的重要手段。通过对学生成绩、满意度、反馈意见等关键数据的深入分析，以及构建科学的教学质量评估模型和利用大数据技术进行精准评估，高职院校可以全面地了解教学过程中的优势与不足，并根据评估结果调整教学方法和课程内容，这将有助于实现教学质量的持续改进和学生满意度的不断提升。

三、课程管理与资源优化

在课程管理与教学安排中，课程排课与调度是一项复杂而关键的任务。它不仅需要考虑到学生的时间安排、教师的教学计划，还需要兼顾教学资源的有效利用。随着大数据技术的不断发展，利用该技术实现智能排课和调度已成为可能，为课程管理带来了新的机遇。

（一）传统的课程排课与调度面临的挑战

传统的课程排课与调度方式往往依赖于人工经验和简单的排课规则，这种方式存在诸多弊端。首先，人工排课不仅耗时费力，而且容易出错。特别是在面对大规模学生和复杂课程安排时，人工排课的效率和准确性都难以得到保证。其次，传统排课方式难以充分考虑学生的个性化需求和教师的教学特点，这可能导致排课结果不尽如人意。最后，传统排课方式教学资源的管理和分配往往缺乏科学依据，容易造成资源的浪费或不足。

（二）大数据技术助力智能排课与调度

为了克服传统排课方式的不足，越来越多的高职院校开始尝试利用大数据技术来实现智能排课和调度。大数据技术因其强大的数据处理和分析能力，能够处理海量的课程数据、学生数据和教学资源数据，从而为智能排课提供有力的支持。

①数据收集与整理：首先需要收集并整理与课程排课相关的各类数据。这

些数据包括学生的基本信息、课程信息、教师的教学计划、教学资源的可用情况等。通过整理和清洗,数据的准确性和完整性得到确保,为后续的智能排课提供了可靠的基础。

②智能算法应用:在数据整理的基础上,可以运用智能算法进行课程排课。这些算法包括遗传算法、模拟退火算法、粒子群优化算法等,它们能够根据设定的排课规则和约束条件,自动生成最优的课程安排方案。智能算法的应用大大提高了排课的效率和准确性,同时也能够充分考虑学生的个性化需求和教师的教学特点。

③实时调度与调整:在课程实施过程中,可能会出现各种突发情况,如教师请假、学生调课等。这时,需要利用大数据技术进行实时调度和调整。通过实时监控课程实施情况,高职院校可以及时发现并解决出现的问题,确保课程的顺利进行。同时,也可以根据学生的反馈和教师的建议,对课程安排进行动态调整,以满足不断变化的教学需求。

④可视化展示与决策支持:为了方便教育管理者和教师查看和理解课程排课结果,可以利用数据可视化技术将排课结果以图表、报告等形式进行展示。这有助于他们更直观地了解课程安排情况,发现潜在的问题和找到改进的方向。同时,可视化展示还可以为决策提供支持,帮助教育管理者制订更科学、更合理的课程管理策略。

(三)教学资源分配与管理的优化

在智能排课的过程中,教学资源的分配与管理也是至关重要的一环。通过大数据技术,高职院校可以根据学生需求和课程安排,优化教学资源的分配,提高教学资源的使用效率。

①资源需求分析:首先需要对学生的资源需求进行分析。这包括了解学生对教学资源的需求类型、需求数量以及需求时间等。通过数据分析,高职院校可以掌握学生对教学资源的整体需求情况,为资源分配提供科学依据。

②资源库存管理:为了有效管理教学资源,需要建立完善的资源库存管理系统。该系统应能够实时记录教学资源的库存情况,包括资源的种类、数量、

位置以及使用状态等。资源库存管理可以确保资源的准确性和可用性，为资源分配提供有力的支持。

③资源分配策略制定：在了解学生需求和资源库存的基础上，可以制定科学、合理的资源分配策略。这包括确定资源的分配原则、分配方式以及分配时间等。通过制定明确的资源分配策略，可以确保资源的公平分配和有效利用，满足学生的学习需求。

④资源使用监控与调整：在资源分配后，需要对资源的使用情况进行实时监控和调整。这包括记录资源的使用情况、分析资源的使用效率以及及时调整资源分配策略等。通过资源使用监控与调整，可以确保资源的持续、有效利用，避免资源的浪费或不足。

⑤资源共享与协作：为了进一步提高教学资源的使用效率，可以推动资源的共享与协作。通过建立资源共享平台或协作机制，可以促进不同的高职院校或教师之间的资源共享和交流，实现资源的优化配置和互利共赢。

（四）智能排课与调度系统的实施及其效果

在实施智能排课与调度系统时，需要充分考虑系统的可行性和实用性。首先，需要确保系统的稳定性和可靠性，避免出现数据丢失或系统崩溃等问题。其次，需要加强对系统的维护和更新，确保系统能够适应不断变化的教学需求和技术发展。最后，还需要加强对教师的培训和支持，帮助他们更好地使用和理解智能排课与调度系统。

实施智能排课与调度系统，可以取得显著的效果。首先，大大提高了课程排课的效率和准确性，减少了人工排课的错误和遗漏。其次，能够充分考虑学生的个性化需求和教师的教学特点，提高课程的满意度和教学质量。最后，通过优化教学资源的分配和管理，提高了资源的利用效率和教学效果。

具体来说，智能排课与调度系统的实施可以带来以下五个方面的效果：

①提高排课效率：通过自动化和智能化的排课，大大缩短了排课时间，提高了排课效率。同时，也减少了人工排课的错误和遗漏，确保了排课结果的准确性和可靠性。

②满足个性化需求：智能排课系统能够根据学生的个性化需求和教师的教学特点进行排课。通过考虑学生的时间安排、学习进度和兴趣爱好等因素，为学生提供更加贴心的课程安排。同时，也能够充分考虑教师的教学计划和教学风格，为教师提供更加舒适的教学环境。

③优化资源分配：通过大数据技术和智能算法的应用，可以实现对教学资源的优化分配。根据学生的需求和课程的安排，合理分配教学资源，避免教学资源的浪费或不足。同时，也可以促进教学资源的共享和协作，提高教学资源的利用效率和教学效果。

④提高教学质量：智能排课与调度系统的实施可以提高教学质量。通过优化课程安排和资源分配，为学生提供更加优质的教学环境和教学资源。同时，也可以促进教师之间的交流和协作，提高教师的教学水平和教学质量。

⑤增强管理决策的科学性：通过智能排课与调度系统提供的数据分析和可视化展示功能，教育管理者可以更加直观地了解课程安排和教学资源使用情况。这有助于他们制定更加科学合理的管理决策，提高课程管理的效率和水平。

利用大数据技术实现智能排课和调度是课程管理与教学安排中的重要趋势。通过收集并整理相关数据、运用智能算法进行排课、实时监控与调整，以及可视化展示与决策支持等措施，可以大大提高课程排课的效率和准确性、满足学生的个性化需求、优化教学资源的分配和管理并提高教学质量。这将为高职院校带来更加高效、便捷和科学的课程管理方式，并推动教育事业的持续发展。

第三节　大数据在数字化转型中的关键技术

一、数据采集与预处理

在在线教育领域，数据采集与预处理是数据分析与挖掘的基础，同时也是提升教学质量、优化学生体验、促进就业服务的关键环节。下文将详细探讨学生数据、教学数据、就业数据的采集方法，以及数据清洗、转换与集成技术，旨在为在线教育平台提供一套完整的数据处理流程。

（一）数据采集

数据采集是数据分析和挖掘的第一步，它涉及从各种来源获取原始数据，并将其转换为可用于后续分析的形式。在在线教育领域，数据采集主要包括学生数据、教学数据和就业数据三个方面。

1. *学生数据采集*

学生数据是反映学生基本信息、学习行为、学习成果等方面的重要数据。学生数据采集的内容主要包括以下三个方面：

①注册信息：学生在注册时填写的个人信息，如姓名、性别、年龄、学历等。

②学习行为数据：通过跟踪学生在平台上的学习行为，如登录次数、学习时长、访问页面、观看视频等，来收集学生的学习习惯和学习进度。

③学习成果数据：包括学生的作业完成情况、考试成绩、证书获取等，用于评估学生的学习效果和掌握程度。

采集学生数据时，需要确保数据的准确性和完整性，同时遵循隐私保护原则，保障学生的个人信息安全。

2. *教学数据采集*

教学数据是反映教学过程、教学质量、教学资源等方面的重要数据。教学数据采集的内容主要包括以下三个方面：

①课程信息：包括课程名称、课程描述、课程目标、教学大纲等，这些信息有助于了解课程的基本情况和教学内容。

②教学资源数据：包括课件、视频、音频、文档等教学资源的使用情况，用于评估教学资源的有效性和利用率。

③教学互动数据：包括教师与学生以及学生之间的互动，这些数据用于了解教学过程中的互动情况和学生的参与度。

在采集教学数据时，需要关注数据的时效性和准确性，确保数据能够真实地反映教学过程和教学质量。

3. 就业数据采集

就业数据是反映学生就业情况、就业质量、就业满意度等方面的重要数据。就业数据采集的内容主要包括以下两个方面：

①就业信息：包括学生的就业单位、就业岗位、薪资待遇等，用于了解学生的就业情况和就业质量。

②就业满意度调查：通过问卷调查、访谈等方式，收集学生对就业服务的满意度以及反馈意见，用于评估就业服务的质量和效果。

在采集就业数据时，需要确保数据的真实性和可靠性，同时遵循隐私保护原则，保障学生的就业信息安全。

（二）数据预处理

数据预处理是数据分析与挖掘前的重要步骤，它涉及对原始数据进行清洗、转换和集成，以满足后续分析的需求。数据预处理主要包括以下三个方面：

1. 数据清洗

数据清洗是去除原始数据中的噪声、异常值和重复值等无效数据的过程。在在线教育领域，数据清洗主要包括以下方面：

①去除无效数据：如学生未完成的作业、未提交的考试等无效数据，需要将其从数据集中删除。

②处理缺失值：对于数据中的缺失值，可以采用填充、插值、删除等方法进行处理，以确保数据的完整性。

③纠正错误数据：对于数据中的错误值，如学生的年龄填写错误、考试成绩录入错误等，需要进行纠正和修正。

数据清洗的目的是提高数据的质量和准确性，为后续的数据分析和挖掘提供可靠的数据基础。

2. 数据转换

数据转换是将原始数据转化为适用于后续分析的形式的过程。在在线教育领域，数据转换主要包括以下方面：

①数据类型转换：如将字符串类型的数据转换为数值类型的数据，以便进

行数学运算和统计分析。

②数据标准化：对于不同量纲的数据，需要进行标准化处理，以消除量纲对分析结果的影响。

③数据归一化：将数据缩放到一个特定的范围（如0到1之间），以便进行更精确的分析和比较。

数据转换的目的是使数据更加适合后续的分析和挖掘，从而提高分析的准确性和效率。

3. 数据集成

数据集成是将不同来源、不同格式的数据进行整合和统一的过程。在在线教育领域，数据集成主要包括以下方面：

①数据合并：将来自不同数据表或数据库的数据进行合并，以形成一个完整的数据集。

②数据去重：对于重复的数据记录，需要进行去重处理，以确保数据的唯一性和准确性。

③数据关联：将不同数据表或数据库中的相关数据进行关联和匹配，以形成完整的数据链条。

数据集成的目的是将分散、异构的数据进行整合和统一，以便为后续的数据分析和挖掘提供全面的数据支持。

（三）数据预处理技术的应用

在在线教育领域，数据预处理技术的应用非常广泛。以下是一些具体的应用场景：

1. 学生画像构建

通过采集和预处理学生数据，可以构建学生画像，这包括学生的基本信息、学习行为、学习成果等方面的特征。这些特征有助于分析学生的学习习惯和偏好，从而为个性化教学和学习资源推荐提供依据。

2. 教学质量评估

通过采集和预处理教学数据，可以对教学质量进行评估和分析。例如，可以分析课程的教学资源使用情况、教学互动情况、学生满意度等数据，以评估课程的教学效果和质量。这些数据可以为教师改进教学方法和提高教学质量提供重要参考。

3.就业服务优化

通过采集和预处理就业数据，可以对就业服务进行优化和改进。例如，可以分析学生的就业情况、就业满意度等数据，以了解就业服务的效果和存在的问题。这些数据可以为高职院校改进就业服务提供方向和思路。

4.智能推荐系统

数据预处理技术可以为智能推荐系统提供准确、可靠的数据支持。例如，系统可以根据学生的学习行为和偏好，为其推荐个性化的学习资源、课程和教师；同时，也可以根据教师的教学特点和风格，为其推荐合适的教学资源和教学方法。

（四）总结与展望

数据采集与预处理是在线教育领域数据分析与挖掘的基础环节。通过采集学生数据、教学数据和就业数据，并对其进行清洗、转换和集成等预处理操作，可以为后续的数据分析和挖掘提供可靠且准确的数据支持。未来，随着大数据技术和人工智能技术的不断发展，数据采集与预处理技术将在在线教育领域发挥更加重要的作用。高职院校应积极探索和应用这些技术，以期为学生提供更优质、更个性化的教学和学习体验。同时，也需要关注数据安全和隐私保护等问题，确保学生的个人信息安全以及合法权益得到保障。

二、数据存储与管理

在数字化时代，数据存储与管理对于任何组织或机构而言都是不可或缺的一部分，尤其是在在线教育领域。随着学生数量、课程种类以及教学互动的持续增加，如何高效地存储、管理并保护这些数据成为一个重大的挑战。下文将深入探讨分布式数据库与数据仓库的应用，以及数据安全与隐私保护技术，旨在为在线教育平台提供一套全面的数据存储与管理解决方案。

（一）分布式数据库与数据仓库的应用

1. 分布式数据库

分布式数据库是指将数据库分散存储在多个物理节点上，并通过网络进行连接和通信的数据库系统。在线教育平台通常面临海量数据的存储和处理需求，包括学生信息、学习记录、教学资源等。应用分布式数据库能够显著提高数据处理的效率和可扩展性。

（1）优势。

①高可用性：由于数据分散存储在多个节点上，即使某个节点发生故障，其他节点仍然可以继续提供服务，从而确保数据的高可用性。

②可扩展性：分布式数据库可以轻松地添加新的节点，以应对数据量的增长和访问量的增加。

③性能优化：通过负载均衡和数据分片等技术，分布式数据库可以优化查询性能，提升数据访问速度。

（2）应用场景。

①学生信息管理：将学生信息分散存储在多个节点上，以提高数据访问速度和查询效率。

②学习记录追踪：通过分布式存储学习记录，可以实时追踪学生的学习进度和学习成果。

③教学资源管理：将教学资源如视频、音频、文档等分散存储在多个节点上，以提高资源的访问速度和下载效率。

2. 数据仓库

数据仓库是一个大型且集中式的存储系统，用于存储和管理组织内部的历史数据，以便进行数据分析、数据挖掘和决策支持。在线教育平台可以利用数据仓库来整合和分析不同来源的数据，如学生数据、教学数据和就业数据。

（1）优势。

①数据集成：数据仓库能够整合来自不同数据库和系统的数据，提供一个统一的数据视图。

②数据分析：数据仓库支持复杂的数据查询和分析操作，如联机分析处理（OLAP）和数据挖掘。

③决策支持：数据仓库中的历史数据和趋势分析，可以为高职院校提供决策支持，如课程优化、教学改进和就业服务提升。

（2）应用场景。

①学生学习分析：通过数据仓库整合学生的学习数据，进行深度分析，以了解学生的学习习惯、偏好和困难点。

②教学效果评估：利用数据仓库中的教学数据，对教学效果进行评估和分析，以发现教学过程中存在的问题和改进点。

③就业趋势预测：通过数据仓库中的就业数据，分析就业趋势和市场需求，为高职院校提供就业服务优化的建议。

（二）数据安全与隐私保护技术

在在线教育领域，数据安全与隐私保护是至关重要的，如学生的个人信息、学习记录和就业数据等敏感信息需要得到严格的保护。以下是一些关键的数据安全与隐私保护技术：

1. 数据加密

数据加密是将原始数据转换为密文的过程，以确保数据在传输和存储过程中的安全性。在线教育平台可以采用多种加密算法和技术来保护数据的安全。

①传输加密：使用SSL/TLS等协议对数据传输过程进行加密，以确保数据在传输过程中不被窃取或篡改。

②存储加密：对存储在数据库或文件系统中的数据进行加密，以确保数据在静止状态下不被未经授权地访问。

③端到端加密：对数据从发送方到接收方的整个过程进行加密，以确保数据在传输和存储过程中的全程安全。

2. 访问控制

访问控制是限制用户对数据和资源的访问权限的过程，以确保只有授权的用户能够访问敏感数据和关键资源。在线教育平台可以采用多种访问控制技术和策略来保护数据的安全。

①身份验证：通过用户名、密码、生物特征等方式对用户的身份进行验证，确保只有合法的用户能够登录系统。

②权限管理：根据用户的角色和职责为其分配不同的访问权限，确保用户只能访问其权限范围内的数据和资源。

③审计和监控：对用户的访问行为进行审计和监控，记录用户的访问日志和操作记录，以便在发生安全事件时进行追溯和调查。

3. 数据脱敏与匿名化

数据脱敏和匿名化是对敏感数据进行处理的过程，以降低数据泄露的风险。在线教育平台可以采用多种数据脱敏和匿名化技术来保护学生的隐私。

①数据脱敏：对敏感数据进行替换、删除或模糊化处理，以降低数据的敏感性和泄露的风险。例如，可以将学生的姓名替换为伪名或编号，将电话号码的部分数字替换为星号，等等。

②数据匿名化：通过删除或替换数据中的个人标识信息，使数据无法与具体的个人相关联。例如，可以对学生的学习记录进行匿名化处理，以保护学生的隐私。

4. 数据备份与恢复

数据备份与恢复是确保数据在灾难事件发生时能够恢复和重建的过程。在线教育平台需要建立完善的数据备份与恢复机制，以确保数据的安全性和可用性。

①定期备份：定期对数据库、文件系统和应用程序等进行备份，以确保在数据丢失或损坏时能够恢复。

②异地备份：将备份数据存储在地理上分散的多个位置，以确保在灾难事件发生时能够迅速恢复数据。

③数据恢复测试：定期进行数据恢复测试，以确保备份数据的可用性和恢复过程的可靠性。

5. 安全审计与合规性

安全审计与合规性是确保数据安全和隐私保护符合相关法律法规及标准的

过程。在线教育平台需要定期进行安全审计和合规性检查，以确保数据的安全性和合规性。

①安全审计：定期对系统的安全性进行审计和评估，发现潜在的安全漏洞和风险，并及时进行修复和改进。

②合规性检查：检查系统的安全性和隐私保护措施是否符合相关法律法规和标准的要求，如 GDPR、CCPA 等。

③安全培训：定期对员工进行安全培训和教育，提高员工的安全意识和操作技能，减少人为因素导致的安全风险。

（三）总结与展望

数据存储与管理是在线教育领域至关重要的一环。分布式数据库和数据仓库技术，可以高效地存储、管理和分析海量的教育数据，为高职院校提供决策支持和优化建议。同时，数据安全与隐私保护也是不可忽视的问题。通过采用数据加密、访问控制、数据脱敏与匿名化、数据备份与恢复，以及安全审计与合规性等技术和策略，可以确保数据的安全性和隐私保护符合相关的法律法规和标准的要求。

未来，随着大数据、人工智能和云计算等技术的不断发展，数据存储与管理将面临更多的挑战。在线教育平台需要不断地探索和应用新的技术和方法，以提高数据处理的效率和准确性，同时加强数据安全与隐私保护措施，为学生提供更优质、更安全的学习体验。

三、数据分析与挖掘

在数字化教育日益盛行的今天，数据分析与挖掘已成为提升教学质量、优化学生体验、指导教育决策的重要工具。下文将深入探讨机器学习、统计分析、关联规则挖掘等关键技术在在线教育领域的应用，以及如何利用这些技术构建学生行为分析、教学质量评估等模型，旨在为高职院校提供一套全面的数据分析与挖掘解决方案。

（一）机器学习技术

机器学习是人工智能的一个分支，它使计算机能够在不进行明确编程的情况下从数据中学习并做出预测或决策。在在线教育领域，机器学习技术可以应用于多个方面，如学生行为预测、教学质量评估、课程推荐等。

1. 学生行为预测

通过机器学习算法，可以对学生的学习行为数据进行分析，预测学生的学习进度、学习成果以及可能遇到的困难。例如，可以利用监督学习算法（如决策树、随机森林、支持向量机等）对学生的历史学习数据进行训练，建立预测模型，进而对新学生的学习行为进行预测。这些预测结果可以帮助教师及时调整教学策略，并为学生提供个性化的学习建议。

2. 教学质量评估

机器学习技术还可以应用于教学质量评估中。通过收集学生对课程的评价、作业完成情况、考试成绩等数据，利用无监督学习算法（如聚类分析、异常检测等）对教学质量进行评估。例如，可以对学生的评价进行文本分析，提取关键词和情感倾向，进而对课程的教学质量进行量化评估。这些评估结果可以为教师改进教学方法、优化课程内容提供参考。

3. 课程推荐

基于机器学习的课程推荐系统，可以根据学生的学习历史、兴趣偏好和当前需求，为其推荐合适的课程。这通常涉及协同过滤、内容过滤等推荐算法的应用。通过这些算法，可以为学生提供个性化的课程推荐，提高学生的学习满意度和参与度。

（二）统计分析技术

统计分析是数据分析与挖掘的基础，它通过对数据进行收集、整理、分析和解释，揭示数据背后的规律和趋势。在在线教育领域，统计分析技术可以应用于学生行为分析、教学质量评估等多个方面。

1. 学生行为分析

通过统计分析技术，可以对学生的学习行为数据进行深入分析，揭示学生的学习习惯、偏好和困难点。例如,可以利用描述性统计方法(如均值、标准差、频率分布等)对学生的学习时长、登录次数、作业完成情况等数据进行概括性描述;利用推断性统计方法(如假设检验、方差分析等)对学生的学习成果进行差异性分析,以找出影响学习成果的关键因素。

2. 教学质量评估

统计分析技术还可以用于教学质量评估。通过收集学生对课程的评价、作业完成情况、考试成绩等数据,可以利用相关性分析、回归分析等统计方法来评估教学质量与学生学习成果之间的关系。这些分析结果可以为教师改进教学方法、优化课程内容提供科学依据。

(三)关联规则挖掘技术

关联规则挖掘是数据挖掘中的一种重要技术,它用于发现数据集中不同项之间的关联关系。在在线教育领域,关联规则挖掘技术可以应用于学生行为分析、课程推荐等多个方面。

1. 学生行为分析

通过关联规则挖掘技术,可以发现学生学习行为之间的关联关系。例如,可以分析学生在学习某门课程时,通常会同时学习哪些相关课程或资源;或者分析学生在完成某项作业时,经常会遇到哪些困难或问题。这些关联关系有助于教师更好地了解学生的学习习惯和需求,从而为学生提供更加个性化的学习建议。

2. 课程推荐

关联规则挖掘技术还可以用于课程推荐。通过挖掘学生学习历史中的关联规则,可以为学生推荐与其当前学习需求相关的课程或资源。例如,如果学生在学习某门编程课程时,同时学习数据结构课程,那么当学生再次选择学习编程课程时,系统可以为其推荐数据结构课程作为相关课程。

(四)模型构建

在在线教育领域,构建学生行为分析、教学质量评估等模型是数据分析与挖掘的重要目标。以下是一些具体的模型构建方法:

1. 学生行为分析模型

学生行为分析模型旨在揭示学生的学习习惯、偏好和困难点，以便为教师提供个性化的教学建议。构建学生行为分析模型通常涉及以下步骤：

①数据收集：收集学生的学习行为数据，如登录次数、学习时长、作业完成情况等。

②数据预处理：对数据进行清洗、转换和集成，确保数据的准确性和一致性。

③特征提取：从数据中提取有用的特征，如学习频率、学习时长分布、作业完成率等。

④模型训练：运用机器学习算法（如决策树、随机森林等）对提取的特征进行训练，建立学生行为分析模型。

⑤模型评估：对训练好的模型进行评估，验证其预测的准确性和泛化能力。

⑥模型应用：将模型应用于实际教学中，为教师提供个性化的教学建议，以优化教学策略。

2. 教学质量评估模型

教学质量评估模型旨在评估教学质量与学生学习成果之间的关系，以期为教师改进教学方法和优化课程内容提供参考。构建教学质量评估模型通常涉及以下步骤：

①数据收集：收集学生对课程的评价、作业完成情况、考试成绩等数据。

②数据预处理：对数据进行清洗、转换和集成，确保数据的准确性和一致性。

③特征提取：从数据中提取有用的特征，如课程评价得分、作业完成率、考试成绩等。

④模型训练：运用统计分析方法（如相关性分析、回归分析等）或机器学习算法对提取的特征进行训练，建立教学质量评估模型。

⑤模型评估：对训练好的模型进行评估，验证其预测的准确性和泛化能力。

⑥模型应用：将模型应用于实际教学中，为教师提供教学质量评估报告，

指出存在的问题和改进的方向。

（五）总结与展望

数据分析与挖掘技术在在线教育领域的应用前景十分广阔。利用机器学习、统计分析、关联规则挖掘等技术，可以深入分析学生的学习行为、评估教学质量、优化教学策略，从而为学生提供更加个性化的学习体验。未来，随着大数据、人工智能等技术的不断发展，数据分析与挖掘技术将在在线教育领域发挥更加重要的作用。高职院校应积极探索和应用这些技术，构建更加完善的数据分析与挖掘体系，为提升教学质量、优化学生体验、指导教育决策提供有力的支持。同时，也需要关注数据安全和隐私保护等问题，确保学生的个人信息安全和合法权益不受侵害。

四、数据可视化与报表生成

在数据驱动的教育时代，数据可视化与报表生成已成为在线教育平台不可或缺的一部分。它们不仅能够帮助高职院校和教师直观地理解和分析数据，还能够为决策提供有力的支持。下文将深入探讨数据可视化工具与技术，以及报表生成与自定义报表设计的关键方面，旨在为在线教育平台提供一套全面的数据可视化与报表生成解决方案。

（一）数据可视化工具与技术

数据可视化是将数据以图形、图像或动画等形式呈现出来的过程，旨在更直观地理解和分析数据。在在线教育领域，数据可视化工具与技术发挥着重要的作用，它们能够帮助高职院校和教师更好地了解学生的学习情况、评估教学效果以及把握市场趋势。

1. 数据可视化工具

目前，市场上存在多种数据可视化工具，如 Tableau、Power BI、ECharts 等。这些工具提供了丰富的图表类型、交互功能以及数据连接选项，使得用户能够轻松地创建和分享数据可视化作品。

① Tableau：Tableau 是一款功能强大的数据可视化工具，支持多种数据源

和图表类型，并具备丰富的交互功能。借助 Tableau，用户可以快速地创建精美的数据可视化作品，并与其他人分享。

② Power BI：Power BI 是微软推出的一款数据可视化工具，它与 Excel 等 Microsoft Office 产品紧密集成，方便用户从 Excel 中导入数据并创建可视化图表。Power BI 还提供了丰富的数据连接选项和交互式报表功能。

③ ECharts：ECharts 是一款开源的数据可视化工具，支持多种图表类型和交互功能，并能够在 Web 页面上嵌入可视化作品。ECharts 的易用性和灵活性使其成为许多开发者和数据分析师的首选工具。

2. 数据可视化技术

除了使用现成的数据可视化工具外，还可以运用一些数据可视化技术来创建自定义的可视化作品。这些技术包括但不限于以下三种：

① D3.js：D3.js 是一个用于创建数据驱动文档的 JavaScript 库，它提供了丰富的数据绑定和图形绘制功能。通过 D3.js，用户可以创建高度定制化的数据可视化作品。

② SVG 与 Canvas：SVG（可缩放矢量图形）和 Canvas（基于像素的绘图技术）是两种常用的图形绘制技术。SVG 基于 XML 格式，支持矢量图形的绘制和编辑；Canvas 则基于像素，适用于绘制复杂的图形和动画。通过结合使用 SVG 和 Canvas，用户可以创建丰富多样的数据可视化作品。

③ WebGL：WebGL 是一种用于在 Web 浏览器中渲染 3D 图形的 API，它使用户能够在 Web 页面上创建逼真的 3D 数据可视化作品。借助 WebGL，可以实现更加复杂和动态的数据可视化效果。

（二）报表生成与自定义报表设计

报表生成是将数据以表格、图表等形式呈现出来的过程，旨在方便用户查看和分析数据。在在线教育领域，报表生成对于高职院校和教师至关重要，它能够帮助他们了解学生的学习进度、教学效果以及业务运营情况。

1. 报表生成工具

与数据可视化工具类似，市场上也存在许多报表生成工具，如 Excel、

FineReport、Crystal Reports 等。这些工具提供了丰富的报表模板、数据连接选项和报表设计功能，使得用户能够轻松地创建和分享报表。

① Excel：Excel 是一款电子表格软件，它支持多种数据格式和图表类型，并具有丰富的报表设计功能。利用 Excel，用户可以方便地创建各种类型的报表，并进行数据分析和可视化。

② FineReport：FineReport 是一款专业的报表生成工具，它提供了丰富的报表模板和自定义报表设计功能。利用 FineReport，用户可以快速地创建满足个性化需求的报表，并与他人分享。

③ Crystal Reports：Crystal Reports 是一款功能强大的报表生成工具，它支持多种数据源和报表格式，并提供了丰富的报表设计选项。借助 Crystal Reports，用户可以创建高度定制化的报表。

2. 自定义报表设计

除了利用现有的报表生成工具，用户还可以根据具体需求进行自定义报表设计。自定义报表设计通常包括以下方面：

①确定报表需求：首先，需要明确报表的目的、目标受众以及需展示的数据内容。这有助于为后续的报表设计提供清晰的指导。

②选择报表类型：根据报表的需求，选择恰当的报表类型，如表格、图表、交叉表等。不同类型的报表适用于展示不同类型的数据和信息。

③设计报表布局：根据选定的报表类型，设计报表的布局和样式。这包括确定报表的标题、列名、数据行等元素的排列方式和样式。

④添加数据连接：为报表添加数据连接，以便从数据库中获取所需的数据。这通常涉及配置数据源、设置数据查询语句，以及处理数据连接中可能出现的异常情况。

⑤设置报表参数：根据实际需求，设置报表的参数和过滤条件。这使得用户能够根据自己的需求，灵活地调整报表的展示内容和方式。

⑥测试与优化：在报表设计完成后，需要对报表进行测试和优化。这包括检查报表的数据准确性、响应速度以及用户体验等方面，并根据测试结果进行

必要的调整和优化。

3. 报表生成与分享

在完成自定义报表设计后,可以生成报表并将其分享给其他人。报表生成通常涉及将数据源中的数据导入报表,并根据设计的布局和样式进行展示。报表分享则可以通过将报表导出为 PDF、Excel 等格式,或者将报表发布到 Web 服务器上,以便其他人能够方便地查看和分析。

(三)数据可视化与报表生成的结合应用

在在线教育领域,数据可视化与报表生成往往需要结合应用,以便更全面地展示和分析数据。通过将数据可视化作品嵌入报表中,或者将报表中的数据以可视化的形式呈现出来,用户可以更直观地理解和分析数据,从而为决策提供有力的支持。

例如,在学生学习进度报表中,可以添加其学习时长、登录次数等数据的可视化图表,以便教师能够更直观地了解学生的学习情况;在教学效果评估报表中,可以添加学生的考试成绩、作业完成情况等数据的可视化图表,以便教师能够更准确地评估教学效果;在业务运营报表中,可以添加用户注册量、课程购买量等数据的可视化图表,以便高职院校能够更全面地了解业务运营情况。

(四)总结与展望

数据可视化与报表生成是在线教育平台不可或缺的一部分。通过运用数据可视化工具与技术以及报表生成工具和自定义报表设计,高职院校和教师可以更直观地理解和分析数据,从而为决策提供有力的支持。未来,随着大数据、人工智能等技术的不断发展,数据可视化与报表生成将在在线教育领域发挥更加重要的作用。高职院校应积极探索和应用这些技术,构建更加完善的数据可视化与报表生成体系,为提升教学质量、优化学生体验以及指导教育决策提供有力的支持。同时,也需要关注数据安全和隐私保护等问题,确保学生的个人信息安全和合法权益不受侵犯。

五、实时数据处理与流处理

在职业教育领域，实时数据处理与流处理技术正逐步成为提升教学效率、优化学习体验、实现精准管理的重要工具。随着在线教育、智慧校园等概念的兴起，高职院校正面临海量且快速增长的数据流，如何有效地采集、处理和分析这些数据，以支持实时决策和个性化服务，已成为一个亟待解决的问题。下文将深入探讨实时数据处理与流处理的关键技术、流处理框架，以及它们在职业教育中的应用，旨在为高职院校提供一套全面的实时数据处理解决方案。

（一）实时数据处理与流处理概述

实时数据处理与流处理是大数据处理领域的重要分支，它们强调在数据产生的同时或近乎实时地对其进行处理和分析。与传统的批处理方式不同，实时数据处理和流处理能够更快地响应数据变化，为决策者提供更加及时和准确的信息。

1. 实时数据处理

实时数据处理指的是在数据生成或接收后立即进行处理的过程。在这种处理方式中，数据处理的延迟极低，确保能够及时做出响应。实时数据处理通常用于对数据实时监控、控制系统和实时决策等场景。在职业教育领域，实时数据处理可以用于监控学生的学习行为、评估教学效果、预警潜在问题等。

2. 流处理

流处理是一种处理大量连续输入数据的技术，这些数据通常以数据流的形式传输。流处理旨在处理无界数据集，并且可以处理历史数据和实时数据。流处理系统通常具备一定程度的容错性和可扩展性，并能执行多种数据处理任务，如过滤、聚合和窗口操作等。在职业教育领域，流处理技术可以用于实时分析学生的学习数据、动态调整学习资源、优化课程推荐等方面。

（二）实时数据采集、处理与分析技术

实时数据处理与流处理技术的核心在于实时数据的采集、处理与分析。以下将分别介绍这三个环节的关键技术。

1. 实时数据采集

实时数据采集是实时数据处理与流处理的基础。在职业教育领域，实时数据采集可以通过多种方式进行，包括但不限于以下四种：

①传感器与物联网设备：在智慧校园中，通过安装传感器和物联网设备，可以采集学生的学习行为数据，如教室的灯光使用情况、学生的出勤情况等。

②学习管理系统（LMS）：LMS 是高职院校常用的在线教学平台。通过集成 API 接口，可以实时采集学生的学习进度、作业完成情况、考试成绩等数据。

③社交媒体与在线论坛：学生在社交媒体与在线论坛上的发言和讨论也是重要的数据来源，可以通过爬虫技术或 API 接口进行采集。

④移动应用：许多高职院校都开发了移动应用来辅助学生学习。通过移动应用可以实时采集学生的学习行为数据，如学习时长、学习偏好等。

2. 实时数据处理

实时数据处理是对采集到的数据进行清洗、转换和分析的过程。在职业教育领域，实时数据处理需要解决以下三个关键问题：

①数据清洗与转换：采集到的原始数据往往存在噪声、缺失值等问题，因此需要进行清洗和转换，以确保数据的准确性和一致性。

②实时性要求：实时数据处理需要在极短的时间内完成数据处理任务，以满足实时性要求。这通常涉及高效的算法和分布式计算框架的应用。

③可扩展性与容错性：随着数据量的增长，实时数据处理系统需要具备良好的可扩展性和容错性，以应对高并发和故障恢复等挑战。

在职业教育领域，实时数据处理可以应用于学生学习行为分析、教学效果评估、课程推荐等多个方面。例如，通过实时分析学生的学习进度和作业完成情况，可以预测学生的学习成效并及时给予反馈；通过实时评估教学效果，可以动态调整教学策略，从而优化教学质量。

3. 实时数据分析

实时数据分析是对处理后的数据进行深入挖掘和分析的过程。在职业教育领域，实时数据分析可以帮助高职院校发现潜在的问题和机会，并为决策提供有力的支持。常用的实时数据分析方法包括统计分析、机器学习、文本挖掘等。

①统计分析：通过计算均值、标准差、频率分布等统计指标，可以对学生的学习行为数据进行概括性描述和分析。

②机器学习：运用机器学习算法对学生的学习数据进行训练，可以建立预测模型来预测学生的学习成效或潜在需求。例如，可以利用决策树或神经网络算法来预测学生是否可能辍学或需要额外的辅导。

③文本挖掘：通过对学生在社交媒体、在线论坛上的发言和讨论进行文本挖掘，可以发现学生的学习需求和反馈意见，从而为课程改进和服务优化提供参考。

（三）流处理框架在职业教育中的应用

流处理框架是实现实时数据处理与流处理技术的关键工具。目前市场上存在多种流处理框架，如 Apache Kafka、Apache Flink、Apache Storm 等。这些框架提供了丰富的 API 接口和分布式计算能力，使得实时数据处理变得更加高效和可靠。

1.Apache Kafka

Apache Kafka 是一个分布式流处理平台，它提供了高吞吐量的消息队列服务。在职业教育领域，Apache Kafka 可以用于构建实时数据采集和传输系统。通过集成 Kafka 客户端库或 API 接口，可以实时采集学生的学习行为数据，并将数据发送到 Kafka 集群进行存储和传输。其他处理系统（如流处理引擎或数据分析平台）可以从 Kafka 集群中读取数据，并进行实时处理和分析。

2.Apache Flink

Apache Flink 是一个开源的流处理框架，它提供了强大的状态管理和事件时间处理功能。在职业教育领域，Apache Flink 可以用于构建实时数据处理和分析系统。Flink 支持有状态的计算和窗口操作，可以对学生的学习数据进行实时聚合、过滤和转换。同时，Flink 还提供了丰富的 API 接口和内置函数库，使得实时数据分析变得更加灵活和高效。

（四）总结与展望

实时数据处理与流处理技术在职业教育领域具有广泛的应用前景。通过运用这些技术，高职院校可以实时地采集、处理和分析学生的学习行为数据，从而为教学决策和个性化服务提供有力的支持。未来，随着大数据、人工智能等技术的不断发展，实时数据处理与流处理技术在职业教育领域的应用将更加深入和广泛。高职院校应积极探索和应用这些技术，构建更加高效、智能的教学管理和服务体系，以提升教学质量和学生满意度。同时，高职院校也需要关注数据安全和隐私保护等问题，以保障学生的个人信息安全和合法权益。

第九章　物联网技术在数字化转型中的应用与实践

第一节　物联网技术与职业教育

一、物联网技术概述

物联网（Internet of Things，IoT）是指通过互联网对物品进行远程信息传输和智能化管理的网络。物联网技术通过传感器、定位系统、人工智能、扫描器等信息传感设备，遵循相关协议，将任何物体与互联网相连接，分为感知识别、网络传输、平台控制和终端应用四大体系。物联网设备包括智能手机、智能家居设备等，通过物联网平台进行管理，实现智能化应用。

物联网在教育领域的应用，旨在通过物联网技术提高教育质量、降低教育成本、提高教育效率等。物联网技术协助教育机构更有效地管理学生、教师、设备等资源，使教育过程更加智能化和高效化。

二、物联网技术的特征与价值

（一）物联网技术的特征

物联网的特征主要体现在以下四个方面：

①全面感知：物联网通过 RFID、传感器、二维码等技术手段，能够随时

随地获取物体的信息。这些信息包括温度、湿度、光照、压力等环境参数，以及图像、声音、位置等复杂信息。

②可靠传递：物联网利用有线或无线通信技术，如 Wi-Fi、蓝牙、Zigbee、LoRa 等，将感知到的信息实时、准确地传递出去。这些通信技术提供了多样化的通信方式，确保了数据的稳定性和安全性。

③智能处理：物联网利用云计算、大数据、人工智能等技术，对接收到的数据进行分析和处理。通过数据清洗、整合、存储以及挖掘分析等操作，物联网系统能够提取出有价值的信息，为实际应用提供决策支持。

④领域性和多样化：物联网的应用领域非常广泛，涵盖了家庭、城市、工业、农业、医疗等各个领域。同时，物联网应用也呈现出多样化的特点，几乎社会生活的各个领域都有物联网的应用需求。

（二）物联网技术的价值

物联网的价值主要体现在以下四个方面：

①推动产业智能化升级：物联网技术通过在生产线上广泛部署传感器和智能设备，实现了生产过程的精细化管理。这种智能化转型不仅显著提升了生产效率，减少了生产过程中的浪费，还通过预测性维护有效地预防了设备故障，降低了维护成本和停机时间。

②提高城市管理效率：物联网技术在城市管理、交通出行、环境保护等领域发挥着重要作用。通过智能交通系统、智能环境监测系统等应用，物联网系统能够实时地分析交通流量、优化信号灯配时、自动调节电网负荷等，从而提高城市管理的效率和水平。

③促进农业可持续发展：物联网技术通过实时监测农田环境参数，为农业生产提供精准的数据支持。通过智能灌溉、智能施肥等应用，物联网系统能够提高农作物的产量和品质，降低农业生产成本，从而促进农业的可持续发展。

④提升医疗服务质量：物联网技术在医疗领域的应用包括远程医疗、智能诊断、健康监测等方面。通过实时监测和数据分析，物联网系统能够辅助医生做出更加准确的诊断，提高医疗服务的可及性和质量。

物联网作为连接物理世界与互联网的智能系统，具有智能化、互联互通等特征。它在各个领域的应用推动了产业的智能化升级，提高了城市管理效率，促进了农业可持续发展，并提升了医疗服务质量。随着物联网技术的不断发展和普及，我们有理由相信它将为更多行业带来创新和变革，为人类社会创造更加美好的未来。

三、物联网技术在职业教育中的应用

（一）学生的学习资源管理

物联网技术在职业教育中首先应用于学生的学习资源管理，包括学习记录的实时监测和学习资源的实时分配。

1. 学习记录的实时监测

物联网技术通过物联网设备，如智能手环、智能眼镜等可穿戴设备，实时监测学生的学习时间、学习内容和学习结果。这些设备可以实时记录学生的眼球运动、血压、心跳等生理信息，并通过数据分析和网络传输，生成学生的学习表现报告。借助大数据分析，可以导出学生的学习规律模型，从而制订个性化的教学方案。

2. 学习资源的实时分配

物联网技术可以根据学生的学习进度和需求，实时分配学习资源。这些学习资源包括学习设备、学习材料和学习空间等。通过物联网设备，学习资源可以实现智能分配和动态调整，确保每个学生都能获得最适合自己的学习资源和学习环境。

（二）教师的教学资源管理

物联网技术在教师的教学资源管理中也发挥着重要作用，包括教学计划的实时监测和教学资源的实时分配。

1. 教学计划的实时监测

物联网技术可以实时监测教师的教学计划，包括教学目标、教学方法和教学内容。通过物联网设备收集教师的教学计划数据，并通过物联网平台进行存储和分析，这有助于教师优化教学计划，进而提高教学效果。

2. 教学资源的实时分配

物联网技术可以根据教师的教学需求，实时分配教学资源。这些教学资源包括教学设备、教学材料和教学空间等。通过物联网设备，教师可以便捷地获取和使用所需的教学资源，从而提升教学效率和质量。

（三）学校的设备管理

物联网技术在学校的设备管理中也具有重要意义。学校的设备管理包括设备资源的实时监测和设备使用记录的实时监测。

1. 设备资源的实时监测

物联网技术可以实时监测学校的设备资源，包括设备设施的状态和使用情况。通过物联网设备，学校可以实时掌握设备的运行状况，及时发现并解决设备故障，确保设备的正常运行和有效利用。

2. 设备使用记录的实时监测

物联网技术可以实时监测学校的设备使用记录，包括设备使用时间、使用内容和使用结果。通过物联网设备，学校可以实时记录并分析设备的使用情况，为设备管理提供数据支持，从而优化设备配置和使用效率。

四、物联网技术在职业教育数字化转型中的具体作用

（一）推动教育资源的数字化建设

物联网技术推动了职业教育资源的数字化建设。通过物联网技术，职业院校可以建设数字化教学资源库，实现教学资源的即时碎片化上传、存储和共享。通过物联网的终端监控与管理，职业院校可以数字化收集并信息化处理学生的学习效果等个性化信息，然后运用大数据方法，研究教学规律，优化数字化教学资源，进而搭建数字化教学资源库。

例如，在高等职业教育中，基于物联网技术，可以采集、处理和分析教学数据，制定理论教学和实践教学等相结合的多元化教材。在教学过程中，可以实时跟进教学进度和学习效果，及时进行教学评价。通过物联网监控、数据统

计、云计算等技术和工具，可以不断优化和升级教学资源，确保跨区域的教学效果。

（二）实现个性化教学和精细化教学评价

物联网技术在教学中的应用，通过"人—机—物"的无缝互联互通，将人的行为、反应和感知等转换为数据，并进行存储和数据分析，构建出每个学生的学习进度和知识掌握模型，通过将这些模型与预先设定的教学目标进行分析对比，可以制订个性化的教学改进方案，从而实现个性化教学和精细化教学评价。

基于物联网技术的数字化课堂，使学生能够通过多样化的终端设备更多地参与到课堂互动中，实现人与人、人与物、物与物之间的互联互通。在这种模式下，传统的单向教学信息输出转变为交互式教学，凸显了"以人为本"的教育理念。

例如，在课堂教学中，通过运用互动式白板、录播系统、互通系统、分享系统等基础物联网技术和方法，实现了"人—机—物"的基本互联。这促使传统教学模式转变为高效备课、师生交互、生生交互的新教学模式。更多感知识别交互设备的出现，例如具备心理学测试功能的可穿戴智能设备，可以实时在线监测和记录学生在课堂上的眼球运动、血压、心跳等信息。这些信息被实时转换成相关的数字信息，并通过数据分析和网络传输，在课后生成每个学生的课堂表现情况报告，再借助大数据分析，导出每一个学生的学习规律模型，从而实现分层化与个性化相结合的教学。

（三）提高教学效率和质量

物联网技术通过智能化管理和控制，提升了职业教育的教学效率和质量。物联网技术可以帮助教育机构实现教学资源的智能分配和动态调整，确保每位教师和学生都能获得最适合的教学资源和学习环境。同时，物联网技术还可以实时监测和分析学生的学习进度和学习效果，为教师提供及时的教学反馈。这有助于教师优化教学计划和方法，从而提升教学效果。

例如，利用物联网技术，可以实现远程教学和在线考试，从而打破地域限制，使教学活动更加灵活和便捷。物联网技术还可以应用于虚拟仿真实训室，通过模拟真实的工作环境和任务，提高学生的实践能力和职业素养。

（四）促进职业教育的创新发展

物联网技术推动了职业教育的创新发展。随着经济社会的数字化转型，未来职场对数字技能和数字素养的要求越来越高。职业教育必须适应这一变化，积极贯彻国家战略，服务于经济社会的数字化转型。

物联网技术促进了职业教育的数字化转型，使职业教育更加契合未来职场的需求。通过物联网技术，职业院校可以开发新的教学模式和教学方法，以培养学生的数字技能和数字素养，从而提升学生的就业竞争力。同时，物联网技术还可以应用于职业教育的校企合作和产教融合，推动职业教育与产业发展的深度融合，实现职业教育与经济社会发展的良性互动。

例如，职业院校可以与物联网企业合作，共同开发与物联网技术相关的教学课程和实训项目，旨在培养学生的物联网技术应用能力。通过这种校企合作模式，可以实现资源共享和优势互补，进而推动职业教育的创新发展。

（五）推动教育管理的智能化

物联网技术进一步推动了教育管理的智能化。通过物联网技术，教育机构可以实现对学生、教师和设备的智能化管理，从而提升管理效率和水平。

例如，通过物联网技术，可以实现学生的考勤管理、课程安排和成绩管理等，进而提高教育管理的便捷性和准确性。此外，物联网技术还可以实现设备的远程监控和维护，以便及时发现并解决设备故障，进而提高设备的使用效率及安全性。

物联网技术还可以应用于职业教育的国际合作与交流。通过物联网技术，职业院校可以与国际教育机构进行远程教学和在线交流，从而推动职业教育的国际化发展。此外，物联网技术还可以应用于职业教育的质量评估和认证，以提升职业教育的质量和水平。

五、物联网技术在职业教育数字化转型中面临的挑战与对策

尽管物联网技术在职业教育数字化转型中发挥着重要作用，但在实际应用过程中也面临着一些挑战。

（一）更新迅速

物联网技术更新迅速，职业院校需持续更新技术和设备，以适应不断变化的教学需求。为此，职业院校应加强与物联网企业的合作，共同研发并推广新技术与新设备，从而提升职业教育的技术水平。

（二）数据安全和隐私保护

物联网技术在职业教育中的应用涉及大量学生、教师和设备的数据，因此数据安全和隐私保护成为一个重要问题。为此，职业院校应加强数据安全管理，建立完善的数据安全保护机制，以确保学生、教师和设备的数据安全。

（三）教师培训和支持

物联网技术的应用要求教师具备相应的技术能力和专业知识，但职业院校的教师可能在这方面存在不足。因此，职业院校应当加大对教师培训和支持的力度，提升教师对物联网技术的应用能力，以确保物联网技术在职业教育中的有效应用。

（四）资金投入和资源配置

物联网技术在职业教育中的应用需要大量的资金投入和资源配置。因此，职业院校应积极加强与政府、企业和社会各方的合作，争取更多的资金和资源支持，以推动物联网技术在职业教育中的广泛应用。

六、总结与展望

物联网技术在职业教育数字化转型中发挥着重要作用，它推动教育资源的数字化建设、实现个性化教学和精细化教学评价、提高教学效率和质量、促进职业教育的创新发展，以及推动教育管理的智能化。然而，物联网技术在职业教育中的应用同样遭遇了一些挑战，为了应对这些挑战，职业院校需加强与物

联网企业的合作，强化数据安全和隐私保护措施，加大对教师的培训与支持的力度，以及争取更多的资金与资源支持。我们相信在物联网技术的助力下，职业教育将实现更加智能化、高效化和个性化的教学，为经济社会发展培养更多高素质的技能型人才。

第二节　物联网技术在数字化转型中的应用场景

一、智慧校园建设

物联网技术作为信息技术的关键组成部分，正在深刻地影响着各行各业的发展，职业教育领域也不例外。特别是在智慧校园建设中，物联网技术以其独特的优势，为校园环境监控、校园安全管理以及能源管理优化等方面带来了革命性的改变。以下内容将详细探讨物联网技术在这些方面的应用，并通过具体案例进行说明。

（一）校园环境监控

校园环境监控是智慧校园建设的重要组成部分，它涉及对校园内各种环境参数的实时监测和调控，旨在为师生创造一个安全、健康、舒适的学习和工作环境。物联网技术通过传感器、嵌入式系统、无线通信技术以及云计算等手段，实现了对校园环境参数的全面感知和智能控制。

1. 智能照明系统

智能照明系统是物联网技术在校园环境监控中的一个重要应用。它利用光线传感器和智能照明控制器，根据自然光线的强弱和室内照明的需求，自动调节室内灯光的亮度，实现节能效果。此外，智能照明系统还可以根据人流密度和时间等变量，智能地控制照明设备的开关和调光，从而提升照明系统的使用效率和环境的舒适度。

例如，某职业院校在智慧校园建设中采用了智能照明系统。该院校在教室、图书馆、宿舍等区域安装了光线传感器和智能照明控制器,通过实时监测室内光线强度,自动调节照明亮度。此外,该系统还能根据课程表和作息时间等因素,智能控制照明设备的开关和调光。据统计,该系统投入使用后,校园照明能耗降低了大约30%,同时提升了师生的照明舒适度和满意度。

再如,某技师学院在智慧校园建设中,不仅引入了智能照明系统,还将其与安防系统进行了联动。在夜间或光线较暗时,安防系统能够自动触发照明设备,确保师生有一个安全的通行环境。同时,照明设备还可以作为安防系统的辅助设备,通过监测光线变化和照明亮度,为安防系统提供额外的监控信息。这种联动机制不仅增强了校园的安全防护能力,还实现了照明系统的智能化和节能化。

2. 环境监测与节能管理系统

环境监测与节能管理系统是物联网技术在校园环境监控中的另一重要应用。它利用温湿度传感器、空气质量传感器等设备,实时监测校园内各场所的环境指标,如温度、湿度、PM2.5浓度等。同时,该系统还可以根据环境指标的变化,自动调节空调、新风等设备的运行状态,以达到节能效果。

例如,某职业学校在智慧校园建设中引入了环境监测与节能管理系统。该学校在教室、宿舍、实验室等区域安装了温湿度传感器和空气质量传感器,用来实时监测环境指标。当温度、湿度或PM2.5浓度超过设定值时,系统会自动调节空调、新风等设备的运行状态,以保持室内环境的舒适度和健康度。据统计,该系统投入使用后,校园能耗降低了大约20%,同时提升了师生的学习效率和健康水平。

再如,某技工学校在智慧校园建设中,引入了智能温控与节能管理系统。该系统通过温湿度传感器和智能温控设备,实时监测和调节室内温度。当室内温度超过设定值时,系统会自动开启空调或新风设备,以降低温度;当温度低于设定值时,系统则会关闭相关设备以节约能源。此外,该系统还可以根据室内外温差和天气变化等因素,进行智能温控和节能管理。据统计,该系统投入使用后,校园能耗降低了大约15%,同时提升了师生的舒适度和满意度。

（二）校园安全管理

校园安全管理是智慧校园建设的重中之重。利用物联网技术，通过视频监控、门禁系统、报警系统等设备，可以对校园内各种安全隐患进行实时监测和预警，从而提升了校园的安全防范能力。

1. 智能安防系统

智能安防系统是物联网技术在校园安全管理中的一个重要应用。它利用视频监控、门禁系统、报警系统等设备，实现了对校园内各种安全隐患的实时监测与预警。此外，智能安防系统还可以与消防系统、应急疏散系统等其他安全系统进行联动，从而提升校园的安全防范能力和应急响应能力。

例如，某职业院校在智慧校园建设中引入了智能安防与消防联动系统。该院校在校园内安装了视频监控摄像头、门禁和报警传感器等设备，可以实时监测校园内的安全隐患。当发生异常情况时，系统会自动触发报警机制，并向相关部门发送报警信息。同时，该系统还可以与消防系统进行联动，当发生火灾等紧急情况时，自动启动消防设备，为师生提供安全的逃生通道和灭火措施。数据显示，该系统投入使用后，校园的安全防范能力得到了显著的提升。

再如，某技师学院在智慧校园建设中引入了智能门禁与访客管理系统。该学院在校园出入口安装了门禁设备和访客登记设备，实现了对进出校园人员的实时监测和管理。人员进出校园时，系统会自动识别其身份并完成登记或授权流程。此外，该系统还可以与报警系统进行联动，当发生异常情况时，自动触发报警机制，并向相关部门发送报警信息。这种管理方式不仅提升了校园的安全防范能力，还方便了师生的出入管理。

2. 学生行为监测系统

学生行为监测系统是物联网技术在校园安全管理中的另一个重要应用。它利用视频监控、面部识别等技术手段，实时监测学生的行为动态，以预防校园暴力、欺凌等事件的发生。此外，该系统还可以与学生的考勤系统、作业提交系统等其他系统进行联动，从而实现对学生行为的全方位监测与管理。

例如，某职业学校在智慧校园建设中引入了学生行为监测与预警系统。该学校在校园内安装了视频监控摄像头和面部识别设备,可以实时监测学生的行为动态。当发生异常情况时,如学生之间的冲突或欺凌事件,系统会自动触发预警机制,并向相关部门发送预警信息。此外,该系统还可以与学生的考勤系统、作业提交系统等进行联动,实现对学生行为的全方位监测与管理。数据显示,该系统投入使用后,校园内的暴力与欺凌等事件得到了有效控制。

再如,某技工学校在智慧校园建设中引入了智能监控与行为分析系统。该系统利用视频监控技术和人工智能算法,能实时监测学生的行为动态并进行行为分析。当发生异常情况时,如学生冲突或吸烟等违规行为,系统会自动触发报警机制,并向相关部门发送报警信息。同时,该系统还可以对学生的行为进行统计分析,为学校提供学生行为管理的数据支持。这种管理方式不仅提升了校园的安全防范能力,还便于学校对学生行为进行全面监测与管理。

(三)能源管理优化

能源管理优化是智慧校园建设中的另一个重要方面。通过物联网技术,结合能源计量设备、智能控制设备等手段,可以对校园内各种能源设备进行实时监测和智能控制,从而提升能源的利用效率并增强节能效果。

1. 智能电网建设与优化

智能电网建设与优化是物联网技术在能源管理优化中的一个重要应用。它利用物联网技术实现对校园内电网设备的实时监测和智能控制,从而提高了电网供电的可靠性并增强节能效果。此外,智能电网还可以与可再生能源发电设备进行联动,实现可再生能源的高效利用和电网的智能化管理。

例如,某职业院校在智慧校园建设中引入了智能电网与分布式能源管理系统。该院校在校园内安装了能源计量设备和智能控制设备,能实时监测电网设备的运行状态和能源消耗情况。此外,该系统还与太阳能发电设备、风力发电设备等可再生能源发电设备进行联动,实现了可再生能源的高效利用和电网的智能化管理。数据显示,该系统投入使用后,校园的能源利用效率提升了大约20%,同时实现了可再生能源的充分利用及电网的稳定运行。

再如,某技师学院在智慧校园建设中引入了智能电网与电力需求侧管理系统。该系统通过实时监测校园内电网设备的运行状态和电力负荷情况，实现了对电力需求的精准预测和智能调度。系统还可以根据电力负荷的变化情况，自动调节电力设备的运行状态和电力分配方案，从而实现了电力供应的智能化管理和节能效果。数据显示，该系统投入使用后，校园的电力消耗降低了大约15%，同时增强了电力供应的稳定性和可靠性。

2. 能源管理系统与数据分析

能源管理系统与数据分析是物联网技术在能源管理优化中的另一个重要应用。它利用物联网技术对校园内各种能源设备进行实时监测和数据采集，并通过数据分析技术实现对能源消耗的精准预测和优化管理。此外，能源管理系统还可以提供实时的能源消耗监测和数据分析报告，从而为学校的能源管理提供了数据支持。

例如，某职业学校在智慧校园建设中引入了能源管理系统与数据分析平台。该学校在校园内安装了能源计量设备和数据采集设备，用于实时监测各种能源设备的运行状态和能源消耗情况。此外，该系统还通过数据分析技术，实现了对能源消耗的精准预测和优化管理。数据显示，该系统投入使用后，校园的能源消耗降低了大约10%，同时提升了能源管理的精准度和效率。

再如，某技工学校在智慧校园建设中引入了能源管理系统与能效评估系统。该系统通过实时监测校园内各种能源设备的运行状态和能源消耗情况，实现了对能源消耗的精准计量和能效评估。同时，该系统还可以根据能效评估结果提出具有针对性的节能措施和建议，为学校的能源管理提供了数据支持和决策依据。数据显示，该系统投入使用后，校园的能源利用效率提升了大约15%，并实现了节能降耗的目标。

（四）总结与展望

物联网技术在职业教育智慧校园建设中的作用不可小觑。从校园环境监控、校园安全管理到能源管理优化等方面，物联网技术都发挥了重要作用，推动了智慧校园建设的持续发展和完善。未来，随着物联网技术的不断创新与广泛应用，智慧校园建设将进一步拓展和深化，为职业教育领域带来更多的变革和创新。

在校园环境监控方面，物联网技术将进一步提升环境监测的精准度和智能化水平，为师生创造一个更加舒适、健康、安全的工作与学习环境。同时，物联网技术还将推动校园设施设备的智能化改造和升级，从而提升设施设备的使用效率并增强节能效果。

在校园安全管理方面，物联网技术将进一步强化校园的安全防范能力和应急响应能力，从而为师生营造一个更加安全可靠的校园环境。

二、智慧教学实施

物联网技术作为现代信息技术的核心组成部分，正逐步深入职业教育的各个层面，特别是在智慧教学实施中发挥着举足轻重的作用。从远程互动教学、虚拟仿真实训到智能教学资源管理，物联网技术不仅极大地丰富了教学手段，还显著提升了教学质量和学习效率。以下将从这三个方面详细探讨物联网技术在职业教育智慧教学实施中的应用，并通过具体案例进行说明。

（一）远程互动教学

远程互动教学是物联网技术在职业教育领域的一大亮点应用。它打破了时间和空间的限制，使得教师和学生能够在不同的物理位置进行实时互动，从而显著提升了教学的灵活性和覆盖范围。

1. 实时互动课堂

实时互动课堂是物联网技术在远程互动教学中的一个典型应用。通过物联网技术，教师和学生可以实时共享教学资源，开展在线讨论和协作，甚至还能进行远程实验操作。

例如，某职业技术学院利用物联网技术建立了远程互动课堂系统。该系统由一套高清视频会议系统、一套在线教学资源共享平台及一套远程实验操作平台组成。通过这套系统，教师可以在校园内的教室与远程的学生进行实时互动，共享PPT、视频等教学资源，并开展在线讨论和答疑。同时，学生还可以通过远程实验操作平台，远程操作实验室内的实验设备，完成实验任务。这种教学模式不仅增强了教学的互动性，还使得学生能够随时随地接受高质量的教育资源。

再如，某技工学校利用物联网技术开展了一个远程协作项目。该项目旨在通过物联网技术将不同地域的学生和教师连接起来，共同完成一个复杂的工程项目。在这个项目中，学生被分成若干个小组，每个小组都配备了一套物联网设备，包括传感器、摄像头、控制器等。学生可以通过这些设备实时采集数据、监控项目进度，并与教师和其他小组进行在线讨论和协作。这种教学方式不仅培养了学生的团队协作能力和解决问题的能力，还让学生接触到了更多元化的学习资源和实践机会。

2. 远程监控与指导

远程监控与指导是物联网技术在远程互动教学中的另一个重要应用。通过物联网技术，教师可以远程监控学生的学习进度和实验过程，并即时给予指导和反馈。

例如，某职业学校运用物联网技术建立了一套远程实验监控与指导系统。该系统由一套高清摄像头、一套传感器网络和一套远程指导平台组成。通过这套系统，教师可以远程监控实验室内学生的实验过程，实时查看实验数据和设备状态。同时，教师还可以通过远程指导平台与学生进行实时沟通，给予实验指导和建议。这种教学方式不仅提升了实验教学的安全性和效率，还使教师能够更灵活地安排教学时间和地点。

再如，某技师学院利用物联网技术建立了一个远程技能培训平台。该平台包括一套虚拟现实设备、一套传感器网络和一套远程教学系统。通过这个平台，学生可以在家或其他远程地点接受技能培训。教师可以通过虚拟现实设备模拟真实的工作场景和操作流程，并通过传感器网络实时收集学生的操作数据。同时，教师还可以通过远程教学系统与学生进行实时交流和互动，给予其技能指导和反馈。这种教学方式不仅提升了技能培训的灵活性和效率，还使学生能够更快速地掌握技能，并将其应用于实际工作中。

（二）虚拟仿真实训

虚拟仿真实训是物联网技术在职业教育中的另一个重要应用。通过物联网技术，可以建立虚拟仿真实训平台，模拟真实的工作环境和操作流程，从而提升学生的实践能力和安全意识。

1. 虚拟实验室

虚拟实验室是物联网技术在虚拟仿真实训中的一个典型应用。通过物联网技术，可以建立虚拟实验室环境，模拟各种实验设备和实验过程，让学生能够在虚拟环境中进行实验操作和学习。

例如，某职业技术学院运用物联网技术建立了一个虚拟化学实验室。该实验室由一套虚拟现实设备和一套传感器网络组成。通过这套设备，学生可以在虚拟环境中进行各种化学实验操作，如溶液配制、反应观察等。同时，传感器网络可以实时收集学生的操作数据和实验结果，并将这些信息反馈给教师进行评估和指导。这种教学方式不仅提升了化学实验教学的安全性和效率，还使学生能够更直观地理解化学实验的过程和原理。

再如，某技工学校利用物联网技术建立了一个虚拟机械操作实训平台。该平台包括一套虚拟现实设备和一套机械操作模拟器。通过这个平台，学生可以在虚拟环境中进行各种机械操作训练，如起重机操作、机床操作等。机械操作模拟器可以实时采集学生的操作数据和操作结果，并反馈给教师进行评估和指导。这种教学方式不仅提高了机械操作实训的安全性和效率，还使学生能够更快速地掌握机械操作技能，并应用于实际工作中。

2. 虚拟工厂

虚拟工厂是物联网技术在虚拟仿真实训中的又一重要应用。通过物联网技术，可以建立虚拟工厂环境，模拟真实的生产流程和操作过程，让学生能够在虚拟环境中进行生产实践和学习活动。

例如，某职业学校运用物联网技术建立了一个虚拟汽车制造工厂。该工厂由一套虚拟现实设备和一套汽车制造模拟器组成。通过这个模拟器，学生可以在虚拟环境中进行汽车制造的生产实践训练，如装配线操作、质量检测等。同时，虚拟现实设备可以实时收集学生的操作数据和操作结果，并将这些信息反馈给教师进行评估和指导。这种教学方式不仅提高了汽车制造实践教学的安全性和效率，还使学生能够更全面地了解汽车制造的生产流程和操作过程。

再如，某技师学院利用物联网技术建立了一条虚拟电子生产线。该生产线包括一套虚拟现实设备和一套电子生产模拟器。通过这个模拟器，学生可以在虚拟环境中进行电子产品的生产实践训练，如电路板焊接、产品测试等。同时，电子生产模拟器可以实时采集学生的操作数据和操作结果，并反馈给教师进行评估和指导。这种教学方式不仅提高了电子生产线实践教学的安全性和效率，还使学生能够更快速地掌握电子产品的生产技能，并将其应用于实际工作中。

（三）智能教学资源管理

智能教学资源管理是物联网技术在职业教育中的另一个重要应用。通过物联网技术，可以建立智能教学资源管理系统，从而实现教学资源的智能化管理及优化配置。

1. 教学资源智能分配

教学资源智能分配是物联网技术在智能教学资源管理中的一个典型应用。通过物联网技术，可以实时监测教学资源的使用情况，并根据需求进行智能分配和优化使用。

例如，某职业技术学院利用物联网技术建立了一个智能教室管理系统。该系统包括一套传感器网络和一套智能控制设备。通过这套系统，学校可以实时监测各个教室的设备使用情况和学生出勤情况等数据，进而根据需求进行教学资源的智能分配和优化使用。又如，当某个教室的设备使用率偏低时，系统可以自动将该教室的设备调配到其他需求较高的教室；当某个教室的学生出勤率不高时，系统可以自动将该教室的课程调整至其他时间段或地点。这种管理方式不仅提高了教学资源的利用率和效率，还使得学校在资源安排和课程安排上更加灵活。

再如，某技工学校利用物联网技术建立了一个智能图书馆管理系统。该系统包括一套 RFID 标签、一套传感器网络以及一套智能控制设备。通过这套系统，学校可以实时监测图书馆内图书的借阅情况和馆藏情况等数据，并根据需求进行智能分配和优化利用。还如，当某本图书的借阅量较大时，系统会自动增加该图书的副本数量；而当借阅量较低时，系统则会相应减少副本数量或将图书调配到其他图书馆。这种管理方式不仅提高了图书馆资源的利用率和效率，还使得学生能够更方便地获取所需的图书资源。

2. 教学资源智能推荐

教学资源智能推荐是物联网技术在智能教学资源管理中的另一个重要应用。通过物联网技术，系统可以根据学生的学习需求和兴趣爱好，智能地推荐相关的教学资源和课程。

例如，某职业学校运用物联网技术建立了一个智能课程推荐系统。该系统包括一套学生行为分析系统和一套课程推荐算法。通过这套系统，学校可以实时监测学生的学习行为和兴趣爱好，并根据这些数据智能推荐相关的课程和教学资源。又如，当某个学生对编程感兴趣时，系统便会自动推荐相关的编程课程和资源；当某个学生对艺术感兴趣时，系统则会自动推荐相关的艺术课程和资源。这种教学方式不仅提升了学生的学习兴趣和积极性，还使学生能够更快速地掌握所需的知识和技能。

再如，某技师学院利用物联网技术建立了一个智能学习资源推荐平台。该平台包括一套学习资源数据库和一套智能推荐算法。通过这个平台，学生可以根据自己的学习需求和兴趣爱好，智能搜索相关的学习资源和课程。还如，当某个学生需要学习机械操作技能时，平台会自动推荐相关的机械操作视频教程、操作手册等资源；当某个学生需要学习电子电路知识时，平台则自动推荐相关的电子电路教程、实验指南等资源。这种教学方式不仅提升了学生的学习效率和效果，还使学生能够更全面地掌握所需的知识和技能。

（四）总结与展望

物联网技术在职业教育智慧教学实施中发挥着举足轻重的作用。从远程互动教学、虚拟仿真实训到智能教学资源管理等多个方面，物联网技术不仅丰富了教学手段和方式，还显著提升了教学质量和学习效率。未来，随着物联网技术的持续发展和创新应用,职业教育智慧教学将呈现出更加多元化和个性化的特征。

在远程互动教学方面,物联网技术将进一步推动在线教育和远程协作的发展。借助更加先进的物联网设备和平台,教师和学生将能够进行更高效、便捷的远程互动和学习。此外,物联网技术也将推动在线教育资源的共享和优化配置,使得学生能够随时随地获取高质量的教育资源和服务。

在虚拟仿真实训方面,物联网技术将进一步推动虚拟实验室和虚拟工厂的建设和发展。通过更加真实的虚拟环境和模拟器,学生将能够在虚拟环境中进行更逼真的实践操作与训练,从而更全面地掌握所需技能和知识。

在智能教学资源管理方面,物联网技术将进一步推动教学资源的智能化管理和优化配置。利用更先进的物联网设备和算法,学校将能够实时监测和评估教学资源的使用情况及教学效果,并根据这些数据进行效果评价,这将反过来增强教学资源建设的针对性和实效性。

第三节 物联网在数字化转型中的关键技术

一、物联网感知层技术

物联网作为新一代信息技术的重要组成部分,已广泛应用于众多行业,包括智慧城市、智能家居、工业物联网、智能医疗等领域。物联网技术的核心在于实现物品之间的互联互通,而感知层作为物联网架构的基础与核心,承担着数据采集和感知的重任。下文将详细探讨物联网感知层技术中的 RFID 技术、传感器技术以及识别技术,并深入分析这些技术的应用场景及其发展趋势。

(一) RFID 技术

RFID(Radio Frequency Identification)技术,即射频识别技术,是一种通过射频信号在空间中进行电磁耦合来实现非接触式信息传递,并利用这些传递的信息来完成物体识别的技术。RFID 系统主要由电子标签（Tag）、读写器（Reader）和天线（Antenna）三部分组成。

1.RFID 技术的原理

①电子标签：电子标签内部存有唯一的电子编码，用于标识物体。根据其是否需要外部电源供电，电子标签可分为有源标签和无源标签。有源标签内置电池，可以主动发送射频信号；而无源标签则依赖读写器发出的射频信号来获取能量，并反射回信号。

②读写器：读写器用于读取或写入电子标签中的信息。

③天线：天线用于发射和接收射频信号，通常内置在电子标签或读写器中。

RFID 技术的工作原理：当电子标签进入读写器产生的磁场范围时，它会接收读写器发出的射频信号，并利用感应电流获得的能量发送出存储在芯片中的产品信息（无源标签），或者主动发送特定频率的信号（有源标签）。读写器在读取并解码这些信息后，将其传输至中央信息系统以进行进一步的数据处理。

2.RFID 技术的特点

①读取距离远：RFID 技术可以实现较远的读取距离，特别是超高频 RFID 标签，其读取距离可达数米甚至更远。

②识别速度快：RFID 读写器可以在极短的时间内读取多个电子标签的信息，显著提高了识别效率。

③存储容量大：电子标签内部可以存储大量的信息，包括物体的唯一标识、生产日期、批次号等，这为物体的全生命周期管理提供了便利。

④适应性强：RFID 技术可以在多种恶劣环境下工作，如高温、潮湿、粉尘等，具有较强的环境适应性。

3.RFID 技术的应用场景

①供应链管理：RFID 技术在供应链管理领域得到了广泛应用。通过为产品贴上电子标签，可以实现产品的全程跟踪和追溯。在物流、仓储、零售等环节，RFID 技术显著提高了货物分拣、盘点、查找等操作的效率。

②智能仓储：在智能仓储系统中，RFID 技术可以用于货物的入库、出库、盘点等环节。通过读写器读取电子标签的信息，系统可以实时掌握货物的数量和位置，从而实现货物的智能化管理。

③防伪溯源：RFID 技术可以用于产品的防伪溯源。通过在产品上贴上唯一的电子标签，消费者可以通过扫描标签上的信息来验证产品的真伪和了解其来源。

④门禁管理：在门禁系统中，RFID 技术可以用于身份识别和权限管理。通过为人员或车辆配备电子标签，系统可以自动识别并控制出入权限。

4.RFID 技术的发展趋势

①超高频 RFID 标签将成为主流。随着技术的持续进步和成本的降低，超高频 RFID 标签因其远距离识别和低成本的优势，未来有望逐渐成为市场的主流。

②多标签同时识别技术将得到进一步发展。为了提升识别效率，多标签同时识别技术将成为 RFID 技术的一个重要发展方向。通过优化读写器的算法和天线设计，可以实现对多个电子标签的同时识别和读取。

③RFID 技术与物联网其他技术的融合。随着物联网技术的发展，RFID 技术将与传感器、云计算、大数据等技术融合，建立更加智能化的物联网系统。例如，将 RFID 标签与传感器结合，可以实现对物体的实时监测和预警。

（二）传感器技术

传感器是物联网感知层的核心组成部分，用于感知和采集环境中的各种物理量和信号。传感器技术的发展对于物联网的普及和应用具有重要的意义。

1.传感器技术的原理

传感器是一种能够感应被测量物理量，并按照一定规律将其转换成可用输出信号的器件或装置，它通常由敏感元件、转换元件、基本电路组成。敏感元件用于感应被测量的物理量，转换元件用于将敏感元件输出的非电学量转换为电学量，而基本电路则用于信号的放大、滤波、线性化等处理工作。

2.传感器的类型

①温度传感器：用于测量环境的温度，广泛应用于工业自动化、智能家居、

环境监测等领域。

②湿度传感器：用于测量环境的湿度，常用于仓储管理、农业灌溉、气象预报等领域。

③光照传感器：用于测量环境的光照强度，常用于照明控制、植物生长监测等领域。

④加速度传感器：用于测量物体的加速度，广泛应用于手机、平板电脑等电子产品的运动检测、跌倒报警等功能中。

⑤压力传感器：用于测量液体或气体的压力，常用于工业自动化、汽车制造等领域。

⑥气体传感器：用于检测环境中的特定气体浓度，如可燃气体、有毒气体等，常用于安全生产、环境监测等领域。

3. 传感器技术的特点

①微型化：随着微电子技术的发展，传感器的体积越来越小，可以嵌入各种设备之中，从而实现了设备的智能化和互联互通。

②智能化：内置算法的发展使传感器具备了数据处理和预测能力，提升了其智能化水平。例如，智能传感器可以通过内置算法对采集的数据进行处理和分析，实现自动校准、故障预警等功能。

③网络化：传感器通过无线通信技术与互联网连接，成为物联网感知层的重要组成部分。通过网络化技术，传感器可以将采集的数据实时传输到云端或本地服务器，以便进行处理和分析。

4. 传感器技术的应用场景

①智能家居：传感器技术在智能家居领域得到了广泛应用，如温度传感器用于调节空调温度，湿度传感器用于控制加湿器湿度，光照传感器用于自动调节窗帘的开合，等等。通过传感器技术，智能家居系统可以实现对家居环境的智能化控制和调节。

②工业自动化：在工业自动化领域，传感器技术用于监测和控制生产过程中的各种参数，如温度、压力、流量等。通过传感器技术，工业自动化系统能

够对生产过程进行实时监控和预警，从而提升生产效率和保障产品质量。

③环境监测：传感器技术可以用于环境监测领域，如空气质量监测、水质监测、土壤监测等。传感器技术可以实时监测环境中的各项参数，为环境保护和治理提供数据支持。

④医疗健康：在医疗健康领域，传感器技术用于监测患者的生理参数，如心率、血压、血糖等。通过传感器技术，医生可以实时监测患者的健康状况，为诊断和治疗提供重要依据。

5. 传感器技术的发展趋势

①微型化与集成化：随着微电子技术和封装技术的发展，传感器的体积将进一步减小，同时实现多个传感器的集成化设计，从而提升设备的智能化和互联互通能力。

②低功耗与长寿命：为了延长使用寿命并降低能耗，传感器技术将向低功耗方向发展。通过优化电路设计和采用低功耗通信技术，传感器能够实现长时间地稳定运行。

③高精度与高可靠性：随着传感器技术的发展和应用需求的提升，传感器将向高精度和高可靠性方向发展。采用先进的敏感材料和制造工艺，可以提升传感器的测量精度和稳定性。

④智能化与网络化：传感器将内置更多的算法和通信模块，以实现数据的智能化处理和网络化传输。通过智能化和网络化技术，传感器可以与其他设备实现互联互通，形成更加智能化的物联网系统。

（三）识别技术

识别技术是物联网感知层的重要组成部分，用于实现对物体的识别和认证。识别技术的发展对于提升物联网的安全性和可靠性具有重要的意义。

1. 识别技术的原理

识别技术主要通过收集物体的特征信息，并将其与预设的数据库进行比对，以此实现物体的识别和认证。常见的识别技术包括条形码技术、二维码技术、智能卡技术、生物识别技术等。

2. 识别技术的类型

①条形码技术：条形码是一种利用黑白相间的条和空隙来表示信息的编码方式。通过扫描条形码，条形码技术能够读取物体的信息，其广泛应用于零售、物流等行业。

②二维码技术：二维码是一种能够在水平和垂直两个方向上存储信息的编码方式。二维码技术通过扫描二维码来获取物体的信息，常见于移动支付、产品溯源等场景。

③智能卡技术：智能卡是一种内置有微处理器和存储器的卡片，可以存储大量信息并进行加密处理。智能卡技术通过读取卡片内的信息来实现物体的识别和认证，广泛应用于门禁管理、公共交通等场合。

④生物识别技术：生物识别技术通过采集人体的生物特征信息（如指纹、虹膜、面部特征等）来进行物体的识别和认证。生物识别技术以其高度的安全性和准确性，被广泛应用于金融、安防等领域。

3. 识别技术的特点

①高效性：识别技术可以实现对物体的快速识别和认证，大大提高了工作效率和安全性。

②准确性：利用先进的算法和技术手段，识别技术能够准确识别和认证物体，有效降低了误判和漏判的风险。

③安全性：识别技术采用加密处理和身份验证机制，确保了物体信息的安全和隐私保护。

④易用性：识别技术操作简便、易于维护，用户能够迅速掌握并投入使用。

4. 识别技术的应用场景

①零售管理：在零售行业中，条形码和二维码技术广泛应用于商品库存管理和销售跟踪。商家通过扫描条形码或二维码，能够迅速掌握商品的库存情况和销售数据，从而为经营决策提供依据。

②门禁管理：在门禁系统中，智能卡技术和生物识别技术得到了广泛应用，用于身份识别和权限管理。通过读取智能卡中的信息或采集个人生物特征信

息，门禁系统可以自动识别并控制人员的出入权限，增强了安全性并提高了便利性。

二、物联网网络层技术

物联网作为新一代信息技术的重要组成部分，通过智能感知、识别技术与普适计算等通信感知技术，将各类信息传感设备与互联网相融合，构建了一个庞大的网络体系。物联网网络层作为连接感知层与应用层的桥梁，承担着数据传输、路由选择、网络管理等重要职责。以下将详细探讨物联网网络层技术中的无线通信技术、有线通信技术以及网络协议与标准，并对这些技术的应用场景和发展趋势进行深入分析。

（一）无线通信技术

无线通信技术是物联网网络层的重要组成部分，它通过无线信号实现设备之间的数据传输和通信。随着物联网技术的持续发展，无线通信技术也在不断地创新和完善，从而为物联网应用提供了更加灵活和便捷的网络连接方式。

1. 无线通信技术的概述

无线通信技术是指利用电磁波在空中进行信息传播的技术。在物联网领域，无线通信技术广泛应用于设备之间的数据传输和通信，具有传输距离远、灵活性高、易于扩展等优点。常见的无线通信技术包括 Wi-Fi、蓝牙、ZigBee、LoRa、NB-IoT 等。

2. 主要的无线通信技术及其应用

① Wi-Fi：Wi-Fi 是一种基于 IEEE 802.11 标准的无线局域网技术，以其传输速度快、覆盖范围广等优点广泛应用于物联网。在物联网领域，Wi-Fi 技术常用于连接智能家居设备、工业传感器等，以实现数据的快速传输和共享。然而，Wi-Fi 技术的功耗相对较高，且依赖于现有的无线局域网基础设施，这使其在一些低功耗、广覆盖的物联网应用中受到了一定限制。

② 蓝牙：蓝牙是一种短距离无线通信技术，可以实现设备之间的无线连接和数据传输。蓝牙技术具有功耗低、连接稳定等优点，在物联网中常用于连接

智能穿戴设备、医疗设备、智能家居控制器等。但是，蓝牙技术的传输距离较短，且需要设备之间建立配对关系，因此在需要远距离通信或大规模设备连接的物联网应用中可能不适用。

③ ZigBee：ZigBee 是一种低功耗、低成本的无线通信技术，适用于小型设备的无线通信。它具有传输距离适中、功耗低、组网灵活等优点，因而在物联网中广泛用于连接传感器网络、智能家居设备等。此外，ZigBee 技术还支持多种网络拓扑结构，如星型、树型和网状结构，可以根据实际应用场景进行灵活配置。

④ LoRa：LoRa 是一种基于扩频技术的远程无线传输方案，它具有传输距离长、功耗低、抗干扰能力强等优点。LoRa 技术适用于物联网应用的低功耗、广域网场景，如智能抄表、环境监测、农业灌溉等。此外，LoRa 技术还可以实现多节点组网和远程通信，为物联网应用提供了更加灵活和可靠的网络连接。

⑤ NB-IoT：NB-IoT 是一种基于蜂窝网络的窄带物联网技术，它具有覆盖面广、连接稳定、功耗低等优点。NB-IoT 技术适用于物联网应用中的低速、低功耗、低成本场景，如智能停车、智能路灯、智能垃圾桶等。此外，NB-IoT 技术还可以实现海量设备的连接和管理，为物联网应用提供了更加高效和可靠的网络连接。

3. 无线通信技术的发展趋势

①低功耗与长距离通信：随着物联网应用的持续发展，低功耗与长距离通信成为无线通信技术的重要发展方向。低功耗技术有助于延长设备的使用寿命并降低能耗，而长距离通信技术则可以实现设备之间的远距离通信和组网。未来，无线通信技术将更加注重低功耗与长距离通信的结合，从而为物联网应用提供更高效和更可靠的网络连接。

②标准化与互操作性：无线通信技术的标准化与互操作性对于物联网的发展具有重要意义。通过制定统一的技术标准和协议，可以实现不同设备之间的互联互通和互操作性，从而降低物联网应用的开发成本和复杂度。未来，无线通信技术将更加注重标准化与互操作性的提升，进而推动物联网技术的普及和

应用。

③安全性与隐私保护：随着物联网应用的持续发展，如何确保数据传输的安全性和用户隐私的保护成为无线通信技术的重要议题。未来，无线通信技术将更加注重安全性和隐私保护技术的发展，通过采用加密技术、身份验证等安全措施来保障数据传输的安全性和对用户隐私的保护。

（二）有线通信技术

有线通信技术是物联网网络层的另一项重要技术，它通过物理线路实现设备之间的数据传输和通信。相较于无线通信技术，有线通信技术具有传输速度快、稳定性高、安全性强等优势。因此，在那些对数据传输速度和稳定性有较高要求的物联网应用场景中，有线通信技术得到了广泛的应用。

1. 有线通信技术的概述

有线通信技术是指利用物理线路（如电缆、光纤等）进行信息传播的技术。在物联网中，有线通信技术通常用于连接传感器、控制器、执行器等设备，以实现数据的传输和通信。常见的有线通信技术包括以太网、RS-485、M-Bus 等。

2. 主要的有线通信技术及其应用

①以太网：以太网是一种高速且稳定的网络传输协议，广泛应用于局域网和广域网中。在物联网领域，以太网技术常用于连接工业设备、数据中心等需要高速数据传输和稳定通信的场景。

② RS-485：RS-485 是一种广泛使用的工业通信协议，具有传输距离远、抗干扰能力强等优点。在物联网中，RS-485 技术常用于连接传感器网络、工业控制系统等需要远距离通信和抗干扰能力的场景。RS-485 技术还支持多节点组网和差分信号传输，可以提高数据传输的稳定性和可靠性。

③ M-Bus：M-Bus 是一种用于智能仪器传输的欧洲总线标准，具有传输距离适中、功耗低等优点。在物联网中，M-Bus 技术常用于连接智能水表、智能电表等需要低功耗和稳定通信的场景。M-Bus 技术还支持多种通信速率和传输模式，可以根据实际应用场景进行灵活配置。

3. 有线通信技术的发展趋势

①高速化与智能化：随着物联网应用的持续发展，对数据传输速度和智能化的要求越来越高。未来，有线通信技术的发展将更加注重提升数据传输速度和智能化水平，满足物联网应用对数据传输速度和智能化的需求。

②标准化与兼容性：有线通信技术的标准化与兼容性对于物联网的发展具有重要意义。通过建立统一的技术标准和协议，可以实现不同设备之间的互联互通和兼容性，从而降低物联网应用的开发成本与复杂度。未来，有线通信技术将更加注重标准化与兼容性的提升，以推动物联网技术的普及和应用。

③安全性与可靠性：如何确保数据传输的安全性和可靠性成为不断发展的物联网应用的有线通信技术的重要议题。未来，有线通信技术将更加注重安全性和可靠性技术的发展，会采用加密技术、身份验证等安全措施来保障数据传输的安全性和可靠性。

（三）网络协议与标准

网络协议与标准是物联网网络层的重要组成部分，它们规定了设备之间通信的规则和格式，确保数据能够在不同设备之间正确地传输和解析。随着物联网技术的不断发展，网络协议与标准也在不断地创新和完善，为物联网的应用提供了更可靠和更高效的网络支持。

1. 网络协议与标准的概述

网络协议与标准是指在网络通信中，为了确保数据能够在不同设备之间正确地传输和解析而制定的一系列规则和格式。在物联网中，网络协议与标准起着至关重要的作用，它们规定了设备之间通信的方式、数据传输的格式、错误处理机制等，从而确保物联网系统能够正常运行和高效工作。

2. 主要的网络协议与标准及其应用

①TCP/IP 协议：TCP/IP 协议是互联网中最基本的协议之一，它规定了设备之间通信的规则和格式。在物联网中，TCP/IP 协议常用于连接不同设备之间的网络通信，以实现数据的传输和共享。TCP/IP 协议具有传输速度快、稳定性高、兼容性强等优点，能够满足物联网应用对网络通信的需求。

② MQTT 协议：MQTT 协议是一种轻量级的消息传输协议，适用于物联网中设备之间的低开销、低带宽通信。MQTT 协议具有简单易用、可扩展性强等优点，在物联网中常用于连接传感器网络、智能家居设备等。此外，MQTT 协议还支持发布 / 订阅模式，可以实现设备之间的异步通信和数据共享。

③ CoAP 协议：CoAP 协议是一种基于 REST 架构的物联网应用层协议，适用于资源受限的设备之间的通信。CoAP 协议具有简单易用、可扩展性强等优点，在物联网中常用于连接智能设备、传感器等。CoAP 协议还支持多种传输层协议，如 UDP、TCP 等，可以根据实际应用场景进行灵活配置。

④ ZigBee 协议：ZigBee 协议是一种低功耗、低成本的无线通信技术标准，适用于小型设备的无线通信。ZigBee 协议具有传输距离适中、功耗低、组网灵活等优点，在物联网中常用于连接传感器网络、智能家居设备等。ZigBee 协议还支持多种拓扑结构，如星型、树型和网状结构，可以根据实际应用场景进行灵活配置。

⑤ NB-IoT 标准：NB-IoT 标准是一种基于蜂窝网络的窄带物联网技术标准，它具有覆盖面广、连接稳定、功耗低等优点。NB-IoT 标准适用于物联网应用中的低速、低功耗、低成本场景，如智能停车、智能路灯、智能垃圾桶等。NB-IoT 标准还支持海量设备的连接和管理，为物联网应用提供了更高效和更可靠的网络支持。

3. 网络协议与标准的发展趋势

①标准化与互操作性：网络协议与标准的标准化与互操作性对于物联网的发展具有重要意义。通过制定统一的技术标准和协议，可以实现不同设备之间的互联互通和互操作性，从而降低物联网应用的开发成本和复杂度。未来，网络协议与标准的发展将更加注重标准化与互操作性，这将进一步推动物联网技术的普及和应用。

②安全性与隐私保护：网络协议与标准在安全性和隐私保护方面面临着诸多挑战。随着物联网技术的不断发展，网络协议与标准的发展将更加注重安全性与隐私保护，以满足物联网应用对数据安全性和隐私保护的需求。通过加强数据

加密与身份验证、支持安全协议与标准、强化隐私保护机制、应对新兴的安全威胁，以及推动安全认证与合规性等措施，以确保物联网应用的安全性和稳定性。

三、物联网应用层技术

物联网作为新一代信息技术的重要组成部分，利用智能感知、识别技术与普适计算等通信感知技术，将各种信息传感设备与互联网结合，形成了一个庞大的网络。物联网应用层技术作为物联网体系架构中的关键一环，承担着数据处理与分析、智能决策与优化，以及与大数据技术结合等重要任务。下文将围绕三个重要任务与案例分析，对物联网应用层技术进行详细描述。

（一）数据处理与分析

数据处理与分析是物联网应用层技术的核心任务之一。物联网设备通过传感器等途径实时收集物理世界中的大量数据，包括设备状态、环境参数、用户行为等。由于数据种类繁多、数量巨大，为数据处理和分析提供了丰富的素材。物联网应用层技术通过高效的数据处理和分析手段，将这些原始数据转化为有价值的信息和知识，从而为物联网系统的优化和决策提供有力的支持。

1.数据汇集与转换

物联网应用层首先需要对从网络层传送过来的数据进行汇集和转换。由于从末梢结点获取的是大量的原始数据，这些数据对于用户来说只有经过转换、筛选和分析处理后才能体现出实际价值。物联网应用层通过数据汇集技术，将来自不同传感器和设备的数据进行集中存储和管理。此外，通过数据转换技术，将这些原始数据转换为适合后续分析和处理的格式。

2.数据存储与管理

物联网应用层需要处理的数据量巨大，因此数据存储与管理成为一项重要任务。物联网应用层通常采用分布式存储技术，将数据分散存储于多个节点，从而提升数据访问的效率和可靠性。同时，通过数据管理技术，如数据库管理系统（DBMS）和数据仓库（Data Warehouse），对存储的数据进行组织、索引和查询，确保能够快速地获取所需信息。

3. 数据分析与挖掘

数据分析与挖掘是物联网应用层技术的核心环节。物联网应用层通过数据分析技术，对收集到的数据进行统计、分类、聚类、关联分析等操作，以揭示数据背后的规律和趋势。同时，通过数据挖掘技术，从海量数据中提取潜在的、有用的且可被人理解的模式，如频繁项集、关联规则、分类模型等。这些分析结果为物联网系统的优化和决策提供了有力的支持。

4. 实时数据处理

物联网应用层需要处理的数据通常是实时生成的，因此实时数据处理成为一项重要的挑战。物联网应用层通过实时数据处理技术，如流处理（Stream Processing）和复杂事件处理（Complex Event Processing, CEP），对实时数据进行快速分析和处理。这些技术能够在数据到达时立即进行处理，并即时生成分析结果，从而确保能够及时做出响应和决策。

5. 数据可视化

数据可视化是一种将数据以图形、图像或动画等形式展示出来的技术。物联网应用层通过数据可视化技术，将分析结果以直观、易懂的方式呈现给用户。数据可视化技术能够辅助用户更好地理解数据和分析结果，进而促使他们做出更加明智的决策。

（二）智能决策与优化

智能决策与优化是物联网应用层技术的另一个重要任务。通过对收集到的数据进行分析和处理，物联网应用层可以识别出生产过程中的趋势和模式，预测可能出现的问题，并实时做出调整和优化。智能决策与优化技术的应用有助于提升生产效率、降低成本、提高产品质量，从而增强企业的市场竞争力。

1. 预测性维护

物联网应用层可以通过数据分析技术，对设备的运行状态进行实时监测和预测。通过对设备的历史数据进行分析，可以建立故障预测模型。当设备出现故障前兆时，物联网应用层能迅速识别并发出预警，以便及时进行维护。预测性维护的实施可以减少设备的停机时间，提高设备的可靠性和延长其使用寿命。

2. 优化生产流程

物联网应用层可以通过数据分析技术，对生产流程进行优化。通过对生产过程中的数据进行实时监测和分析，可以识别出生产过程中的瓶颈和浪费环节。物联网应用层可以根据分析结果，提出优化建议，如调整生产计划、优化资源配置等。采取这些优化措施可以提高生产效率、降低成本、提升产品质量。

3. 能源管理

物联网应用层可以通过数据分析技术，对能源消耗进行监测和管理。通过对能源消耗数据进行实时监测和分析，可以识别出能源浪费的环节及其原因。物联网应用层可以根据分析结果，提出节能建议，如调整设备参数、优化能源分配等。实施这些节能措施可以降低能源消耗，提高能源利用效率。

4. 供应链优化

物联网应用层可以通过数据分析技术，对供应链进行优化。通过对供应链中的数据进行实时监测和分析，可以识别出供应链中的瓶颈和潜在的延误环节。物联网应用层可以根据分析结果，提出优化建议，如调整库存策略、优化物流路径等。实施这些优化措施可以提高供应链的透明度和效率，同时降低库存成本和运输成本。

5. 智能推荐

物联网应用层可以通过数据分析技术，对用户的行为和需求进行实时监测和分析。通过对用户的历史数据进行分析，可以建立用户的兴趣模型。基于这一模型，物联网应用层可以向用户推荐相关的产品和服务。智能推荐不仅能提升用户的满意度和忠诚度，还能增加企业的销售额和扩大市场份额。

（三）与大数据技术结合

物联网应用层技术与大数据技术的结合，为物联网系统的优化和决策提供了更丰富的数据源和更强大的分析能力。大数据技术通过对物联网生成的海量数据进行挖掘和分析，可以揭示数据背后的规律和趋势，从而为物联网系统的优化和决策提供有力的支持。

1. 大数据提供丰富的数据源

物联网设备通过传感器等方式实时收集物理世界中的海量数据，包括设备状态、环境参数、用户行为等。这些数据种类繁多、数量庞大，为大数据分析提供了丰富的素材。通过将物联网应用层与大数据技术相结合，可以充分利用这些数据，进行更深入的分析和挖掘。

2. 大数据分析揭示规律和趋势

大数据技术通过对物联网生成的海量数据进行挖掘和分析，可以揭示数据背后的规律和趋势。例如，在智能交通领域，大数据可以分析交通流量、车辆行驶轨迹等数据，为交通管理部门提供科学的决策依据，进而提升交通效率和管理水平。在制造业领域，通过物联网设备对生产线的实时监控和大数据分析，可以实现预测性维护、优化生产流程、降低能耗和成本等目标。

3. 大数据支持智能决策

大数据技术可以为物联网应用层提供智能决策支持。通过对海量数据进行分析和挖掘，大数据技术可以发现数据中的关联性和规律性，从而为物联网应用层提供科学的决策依据。例如，在零售领域，利用物联网设备收集顾客的购物行为和偏好数据，大数据技术可以分析顾客的购买习惯和偏好，进而为零售商提供更精准的营销策略和推荐系统。

4. 大数据促进物联网应用创新

大数据技术与物联网应用层的结合，可以促进物联网应用的创新。通过大数据技术的支持，物联网应用层可以开发出更加智能化、个性化的应用和服务。例如，在智能家居领域，利用大数据技术对用户的家居使用习惯进行分析，可以开发出更贴合用户需求的智能家居系统。在医疗健康领域，通过大数据技术对患者的健康数据进行分析，可以开发出更精准的医疗诊断和治疗方案。

5. 大数据提升物联网系统性能

大数据技术有助于提升物联网系统的性能。通过对海量数据进行分析和挖掘，大数据技术可以发现物联网系统中的瓶颈和浪费环节，并针对性地提出优化建议。例如，在物联网系统中，通过大数据技术对数据传输和处理过程进行分析，可以发现数据传输的延迟和瓶颈问题，进而提出优化数据传输和处理策略的建议。这些优化措施可以提高物联网系统的响应速度和稳定性。

（四）案例分析

为了更深入地理解物联网技术在数据处理与分析、智能决策与优化以及与大数据技术结合等方面的应用，以下将介绍五个具体案例。

1. 智能制造

在智能制造领域，物联网技术实现了生产过程的智能化管理和优化。例如，某汽车制造企业通过物联网技术实时监测生产线的运行状态和产品质量数据，并结合大数据分析技术对这些数据进行挖掘和分析。这样做可以及时发现生产过程中的问题和瓶颈，并针对性地提出优化建议。这些优化措施不仅提高了生产效率，还降低了成本，同时提升了产品质量。

2. 智能交通

在智能交通领域，物联网技术实现了交通系统的智能化管理和优化。例如，某城市的交通管理部门通过物联网技术实时监测交通流量、车辆行驶轨迹等数据，并结合大数据分析技术对这些数据进行挖掘和分析，这样能够及时发现交通拥堵和事故等问题，并提出优化建议。这些优化措施有效提高了交通效率，减少了交通拥堵和事故的发生。

3. 智慧农业

在智慧农业领域，物联网技术实现了农业生产过程的智能化管理和优化。例如，某农场使用物联网技术实时监测土壤湿度、温度等环境参数，以及作物的生长状态等数据，并通过大数据分析技术对收集到的数据进行挖掘和分析，可以及时发现作物生长过程中的问题和瓶颈，并给出相应的优化建议。这些优化措施提高了农作物的产量和品质，降低了生产成本。

4. 智能家居

在智能家居领域，物联网技术实现了家居系统的智能化管理和优化。例如，某智能家居系统通过物联网技术实时监测家居设备的运行状态和用户的日常使用习惯等数据，并通过大数据分析技术对数据进行深入挖掘和分析，可以根据用户的需求和习惯自动调整家居设备的运行参数和模式。这些智能化功能显著提升了家居系统的舒适度和便利性。

5. 智慧医疗

在智慧医疗领域，物联网技术实现了医疗系统的智能化管理和优化。例如，某医院通过物联网技术实时监测患者的健康数据和医疗设备的运行状态等，并通过大数据分析技术对数据进行挖掘和分析。这样，医院可以及时发现患者的病情变化和医疗设备的故障等问题，进而提出优化建议。这些优化措施不仅提高了医疗服务的效率和质量，同时降低了医疗成本。

五、总结与展望

物联网技术在数据处理与分析、智能决策与优化，以及与大数据技术结合等方面发挥着重要作用。通过对海量数据进行处理和分析，物联网应用层可以揭示数据背后的规律和趋势，从而为物联网系统的优化和决策提供有力的支持。同时，物联网应用层通过与大数据技术的结合，能够充分利用海量的数据资源，实现更智能化、个性化的应用和服务。

第十章　云计算技术在数字化转型中的应用与实践

第一节　云计算与职业教育

一、云计算技术概述

云计算是一种整合已有技术获取更强计算能力的方式。它既不是一款独立的实体产品，也不是一项新 IT 技术，而是"一种通过 Internet（因特网）以服务的方式提供动态可伸缩的虚拟化资源的计算模式"。

（一）云计算的定义

有关云计算的定义除了以上在维基百科上的定义，还有美国国家标准与技术研究院的相关定义。

云计算是一种模型，用于实现对可配置计算资源共享池的方便、按需网络访问。这些资源（如网络、服务器、存储、应用程序和服务）可以以最小的管理工作量或服务提供商交互，快速提供和发布。

（二）云计算的特点

一是云计算服务的集群规模庞大。云计算服务通常由大规模的服务器集群组成。例如，谷歌的云计算服务器数量超过 100 万台，而亚马逊、阿里云的云计算服务器数量也达到几十万台。此外，一些大型企业的私有云（云计算的一种）包含了数百至数千个节点（一个节点相当于一台电脑或一台服务器）。这种大规模的服务器集群为云计算提供了强大的计算能力和数据存储能力。

二是云计算服务采用虚拟化技术。虚拟化技术是云计算的核心技术之一。它支持用户在云计算服务覆盖的范围内，随时随地使用各种终端获取云服务。用户所请求的资源来自云计算服务，而非特定的物理设备。当用户通过云计算服务运行某一个应用时，无须知道该应用运行的具体位置。因此，用户借助一台电脑或手机，即可通过网络获取需要的服务。该服务所需的计算能力或资源可以远远超过单一设备的能力或资源。

三是云计算服务具有高可靠性。云计算通过采用数据多副本容错、计算节点同构和可互换等技术，保证了其运行的高可靠性。即使单个节点服务器出现故障，也不会影响云计算服务的正常运行。云计算服务可通过虚拟化技术将分布于不同物理位置服务器的计算恢复（当某一个服务器出现故障时）或利用动态扩展功能部署新的服务器进行计算。这种高可靠性使得云计算服务能够持续且稳定地为用户提供服务。

四是云计算服务具有较好的通用性。云计算服务可支持各种应用，具有很强的兼容性，且可同时支持不同应用的运行。这种通用性使得云计算服务能够广泛应用于各个领域和行业。

五是云计算服务具有较高的可扩展性。云计算服务的可扩展性表现为其所提供的服务规模可动态伸缩，用户可以较为简便地扩展已有业务或新业务的计算规模。这种可扩展性不仅提高了云计算服务的计算效率，还增强了其可靠性。因此，云计算服务能够根据用户需求，进行灵活的资源分配和调度。

六是用户可根据自身需求购买服务。云计算服务拥有庞大的资源池，用户可根据自己的需求选择服务的种类、数量以及使用时间等。这种按需购买的服务模式使得云计算服务能够更加精准地满足用户的个性化需求。

七是云计算服务的价格较低。云计算服务的硬件由成本较低的节点构成，并且其管理成本也较低。此外，由于资源的通用性较强，云计算服务的价格也较低。这种低成本优势使得云计算服务能够更广泛地应用于各个领域和行业。

二、云计算在信息技术领域的重要地位

云计算在信息技术领域具有重要地位,它改变了传统的计算模式和服务方式,从而推动了信息技术的创新与发展。

①云计算推动了信息技术的创新:作为一种新兴的计算模式,云计算融合了虚拟化、分布式计算、并行计算等多种先进技术,为信息技术的创新提供了强大的支持。通过云计算,人们可以更加高效地利用计算资源,执行大规模数据处理和分析任务,进而推动信息技术的持续进步和发展。

②云计算改变了传统的计算模式:传统的计算模式通常采用本地计算的方式,即用户在自己的计算机上运行应用程序和处理数据。然而,随着数据量的激增和计算需求的不断提高,本地计算逐渐无法满足用户的需求。云计算通过提供远程计算和资源共享服务,使用户可以在任何时间、任何地点通过互联网访问和使用计算资源,从而改变了传统的计算模式。

③云计算提高了计算资源的利用率:云计算通过虚拟化技术将计算资源池化,实现了计算资源的共享和动态分配。这种共享和动态分配的方式可以使计算资源得到更高效的利用,有效避免了资源的浪费和闲置现象。此外,云计算还可以根据用户需求进行弹性扩展,以满足不断增长的计算需求。

④云计算推动了信息技术的服务化:云计算将计算资源以服务的形式提供给用户,使用户可以像使用水电一样便捷地使用计算资源。这种服务化模式推动了信息技术的服务化进程,使信息技术更加符合用户需求和实际应用场景。同时,云计算还促进了信息技术的商业化和产业化发展,为信息技术的广泛普及和应用提供了有力的支持。

⑤云计算促进了信息技术的融合与发展:作为一种综合性的计算模式,云计算融合了多种先进技术和理念,如虚拟化、分布式计算、并行计算、大数据等。这些技术和理念的融合不仅促进了信息技术的综合发展,还推动了信息技术的持续创新。同时,云计算还促进了不同领域之间的交叉融合,为信息技术的广泛应用和深入拓展提供了更加广阔的空间和机遇。

三、云计算技术在职业教育中的应用价值和应用策略

云计算技术作为信息技术领域的一项重要创新,其在教育领域的应用正日益受到广泛关注。特别是在职业教育的数字化转型过程中,云计算技术展现出了巨大的应用潜力与价值。

(一)云计算技术在职业教育数字化转型中的应用价值

随着信息技术的飞速发展,职业教育的数字化转型已成为一种必然趋势。云计算技术作为信息技术的重要组成部分,其在职业教育中的应用价值主要体现在以下四个方面:

1. 提供灵活、高效的教学平台

云计算技术为职业教育提供了一个灵活且高效的教学平台。传统的教育模式通常受时间和空间的限制,而云计算技术则打破了这些限制。借助云计算平台,教师可以随时随地发布教学资源,学生也可以随时随地访问这些资源以进行学习。这种灵活性不仅提高了教师的教学效率,还为学生带来了更加便捷的学习体验。

2. 实现教育资源的共享与优化

云计算技术能够实现教育资源的共享与优化。在职业教育领域,教育资源包括教学课件、实验数据、课程视频等多种形式。通过云计算平台,这些资源可以整合并共享给所有需要的学生和教师使用。这不仅避免了资源的重复开发,还提高了资源的利用率。同时,云计算平台还可以根据用户的需求进行动态调整,实现资源的优化配置。

3. 推动教育模式的创新与发展

云计算技术为职业教育的模式创新提供了有力的支持。通过云计算平台,教师可以探索和实践新的教学方式,如翻转课堂、在线互动等。这些新的教学方式不仅能够激发学生的学习兴趣,还能够提高教师的教学效果。此外,云计算技术还为职业教育提供了智能化的教学辅助工具,如智能评估系统、个性化学习推荐等,这些工具进一步促进了教育模式的创新与发展。

4. 促进教育公平与普及

云计算技术有助于促进教育公平与普及。在职业教育领域，由于地域、经济等因素的限制，一些学生可能无法享受到优质的教育资源。而云计算技术则可以通过互联网将这些资源传递给所有需要的学生，从而实现教育资源的均衡分配。这不仅有助于缩小教育差距，还能够提高整体教育水平。

（二）云计算技术助力职业教育提升教学质量与效率

云计算技术在职业教育中的应用不仅提升了教学的灵活性和便捷性，而且从多个方面助力提高了教学的质量与效率。

1. 提高教学效率

云计算技术通过提供虚拟化的教学环境和资源，使得教师可以在线发布教学资源、组织在线教学活动等。这种教学方式不仅减少了教师的备课时间和教学时间，还显著提升了教学效率。同时，云计算平台还具备实时教学监控和评估功能，能够帮助教师及时掌握学生的学习情况，并据此调整教学策略，从而进一步提高教学效率。

2. 优化教学资源

云计算技术有助于优化职业教育的教学资源。利用云计算平台，教师可以整合多种教学资源，如教学课件、实验数据、课程视频等，形成一个全面的教学资源库。这个资源库不仅便于学生访问和学习，还可以为教师提供丰富的教学素材和案例。同时，云计算平台还可以根据用户需求进行动态调整，优化资源配置，从而提高资源的利用率和教学效果。

3. 促进师生互动

云计算技术为职业教育中的师生互动提供了更加便捷的方式。通过云计算平台，教师与学生可以随时随地开展在线交流和互动，如在线答疑、在线讨论等。这种互动方式不仅能够激发学生的学习兴趣和参与度，还能够提高教师的教学效果。同时，云计算平台还提供了智能化的互动工具，如智能问答系统、在线协作平台等，进一步提升了师生互动的便捷性和高效性。

4. 推动个性化学习

云计算技术有助于推动职业教育的个性化学习。通过云计算平台，教师可以根据学生的学习情况和需求，定制个性化的学习计划和教学策略。此外，云计算平台还可以提供智能化的学习推荐系统，它能够基于学生的兴趣和学习特点，推荐适合的学习资源和课程。这种个性化学习方式不仅能够满足学生多样化的需求，还能够提高学生的学习效果和满意度。

（三）云计算技术在职业教育中的实践策略与建议

为了充分发挥云计算技术在职业教育中的作用，需要制定一系列的实践策略和建议。具体如下：

1. 加强基础设施建设

要推动职业教育的数字化转型，首先需要加强基础设施建设。这包括建设高性能的云计算平台和数据中心，以提供稳定、高效、安全的计算环境和数据存储服务。同时，还需要加强网络基础设施的建设，提升网络带宽和速度，确保师生能够顺畅地访问和使用云计算平台。

2. 完善教学资源建设

教学资源是职业教育的核心。为了充分利用云计算技术的优势，需要加强教学资源的建设。这包括整合各种教学资源，如教学课件、实验数据、课程视频等，形成一个完整的教学资源库。同时，还需要持续更新和优化教学资源，确保它们与行业发展和技术进步保持同步。此外，还应鼓励教师和学生积极参与教学资源的开发与建设，以增强教学资源的丰富性和多样性。

3. 推动教学模式创新

云计算技术为职业教育的模式创新提供了有力的支持。我们应该充分利用这一技术优势，推动教学模式的创新与发展。例如，可以尝试翻转课堂、在线互动等新型教学方式，以激发学生的学习兴趣和积极性。同时，还可以利用云计算平台提供的智能化教学辅助工具，如智能评估系统、个性化学习推荐等，进一步提高教学效果和学习质量。

4. 加强师资队伍建设

教师是职业教育的关键。为了充分利用云计算技术的优势,需要加强师资队伍建设。这包括提升教师的信息技术素养和云计算技术应用能力,使他们能够熟练掌握和运用云计算平台进行教学和管理。同时,还需要加强教师的培训和进修,以提高他们的专业素养和教学水平。此外,还应鼓励教师积极参与科研项目和学术交流活动,以拓宽他们的学术视野并增强创新能力。

5. 加强校企合作与产教融合

校企合作与产教融合是职业教育的重要方向。为了充分利用云计算技术的优势,需要加强校企合作与产教融合。这包括与企业合作共建云计算实训基地和研发中心,为学生提供实践机会和就业岗位。同时,还可以与企业合作开展科研项目和技术创新活动,推动产学研用的深度融合。此外,还可以加强与国际先进企业和教育机构的合作与交流,引入先进的云计算技术和教育理念,从而提高职业教育的国际化水平。

6. 建立完善的安全保障体系

在职业教育应用云计算技术的过程中,需要建立完善的安全保障体系。这包括但不限于加强网络安全防护、实施数据备份与恢复等措施,以确保云计算平台的持续安全与稳定运行。同时,还需要加强用户身份认证和访问控制管理,以防止未经授权的访问和数据泄露事件的发生。此外,还需要定期对云计算平台进行安全评估和漏洞扫描,以便及时发现并修复潜在的安全隐患。

云计算技术在职业教育领域具有广阔的应用前景和重要的价值。我们应当充分利用云计算技术的优势,制定一系列的实践策略与建议,如加强基础设施建设、完善教学资源建设、推动教学模式创新、加强师资队伍建设、加强校企合作与产教融合,以及建立完善的安全保障体系等。通过这些措施的实施与推广,我们能够显著提升职业教育的教学质量和工作效率,为培养更多高素质的技术技能型人才做出更大的贡献。

第二节 云计算技术在数字化转型中的应用场景

一、云服务化的学习平台

云服务化的学习平台是教育领域数字化转型的重要成果，它利用云计算技术的优势，为学习者带来了前所未有的灵活性和便捷性。以下将从构建基于云计算的学习资源中心、提供个性化的学习资源与学习路径、实现学习资源的共享与交流三个方面，深入探讨云服务化的学习平台如何重塑教育体验，促进学习效果的提升。

（一）构建基于云计算的学习资源中心

云服务化的学习平台首先依托于一个强大的基于云计算的学习资源中心。该中心不仅是知识的仓库，更是学习活动的核心驱动力。

1. 资源集成与动态更新

云计算技术使得构建学习资源中心成为可能，它能够整合海量的学习资源，如电子书、视频教程、在线课程、模拟试题等，形成一个庞大的知识库。更重要的是，这些资源可以动态更新，确保学习者能够获取到最新的知识和技术。云服务化的学习平台通过自动同步和版本控制功能，确保所有用户都能访问到最新的学习资源，从而减少了因信息滞后而造成的学习障碍。

2. 资源的虚拟化与弹性扩展

云计算的虚拟化特性使得学习资源能够以高效且灵活的方式存储并进行访问。学习资源的存储不再局限于物理服务器，而是分布在云端的虚拟服务器上，这极大地提升了资源访问的速度和可靠性。此外，云服务化的学习平台能够根据访问量的变化自动调整资源分配，实现资源的弹性扩展，从而确保即便在高并发访问的情况下仍能保持良好的用户体验。

3. 跨平台访问与兼容性

云服务化的学习平台支持跨平台访问，使得学习者无论使用 PC、平板，还是智能手机，都能随时随地访问学习资源。同时，该平台还确保了资源的跨平台兼容性，无论是 Windows、macOS 还是 Android、iOS 系统，都能流畅播放和浏览学习内容。这一特性打破了传统学习平台在设备兼容上的限制，提升了学习的灵活性和便捷性。

（二）提供个性化的学习资源与学习路径

个性化学习是云服务化的学习平台的重要特征之一，该平台利用智能算法和学习分析技术，为每位学习者定制个性化的学习资源和学习路径。

1. 学习者画像的构建

云服务化的学习平台通过收集和分析学习者的学习行为数据，如学习时长、科目偏好、学习进度等，构建出学习者画像。这一画像不仅反映了学习者的当前学习状态，还预测了其潜在的学习需求。基于这一画像，平台能够为学习者推荐最匹配的学习资源和学习路径，从而实现精准化教学。

2. 自适应学习路径的生成

自适应学习是云服务化的学习平台的另一大亮点。该平台通过监测学习者的学习成效，动态地调整学习资源的难度和顺序，从而形成个性化的学习路径。例如，当学习者在某个知识点上遇到困难时，平台会自动推荐相关的学习资源或练习题，以辅助学习者巩固知识点；而当学习者掌握某个知识点后，平台则会引导其进入下一阶段的学习，有效避免了不必要的重复。

3. 个性化学习资源的推荐

除了自适应学习路径外，云服务化的学习平台还能根据学习者的兴趣和需求，推荐个性化的学习资源。该平台利用机器学习算法，分析学习者过去的学习记录和偏好，智能地推荐与其兴趣相关的课程、文章或视频。这样的推荐机制旨在激发学习者的学习热情，并提高其学习参与度。

（三）实现学习资源的共享与交流

云服务化的学习平台不仅是一个知识库，还是一个学习社区，它促进了学习资源的共享与交流，构建了一个充满活力的学习生态系统。

1. 学习资源的开放共享

云服务化的学习平台支持学习资源的开放共享，鼓励学习者将自己的学习心得、笔记、项目作品等上传至平台，实现与其他学习者的资源共享。这种开放共享的文化不仅丰富了平台的资源库，还促进了知识的传播和创新。通过浏览他人的学习成果，学习者可以拓宽视野、激发灵感，进而提升自己的学习能力。

2. 学习社区的构建与互动

云服务化的学习平台通过构建学习社区，为学习者提供了一个交流与互动的空间。在这个社区中，学习者可以发起话题讨论，分享学习心得，寻求帮助或解答他人的疑问。这种互动不仅加深了学习者对知识的理解，还培养了他们的沟通能力和团队协作精神。此外，学习社区中的"导师—学生"模式、"同伴互评"等机制，进一步促进了知识的传播和技能的提升。

3. 学习成果的评价与反馈

云服务化的学习平台还提供了学习成果的评价与反馈机制。学习者可以通过提交作业、参与测试或项目展示等方式，展现自己的学习成果。平台利用自动评分系统或人工评审，对学习成果进行客观、公正的评价，并提供详细的反馈和改进建议。这种评价与反馈机制不仅有助于学习者了解自己的学习进度和存在的问题，还激发他们持续地进行自我提升。

云服务化的学习平台以其强大的资源整合能力、个性化的学习支持以及丰富的互动功能，正深刻改变着教育的面貌。它不仅为学习者提供了前所未有的学习体验和机会，还促进了知识的共享与创新，推动了教育的公平与普及。未来，随着云计算技术的不断发展和完善，云服务化的学习平台将更加智能化和个性化，为学习者营造更加优质、高效的学习环境。

在教育数字化转型的浪潮中，云服务化的学习平台无疑是一个重要的里程碑。它不仅是教育技术创新的重要成果，更是教育公平与质量提升的重要推手。我们有理由相信，随着云服务化的学习平台的广泛应用和深入发展，职业教育的未来将更加光明和美好。

二、云服务化的教学管理

云服务化的教学管理作为教育信息技术深度融合的产物，正引领教学管理模式发生深刻变革。它利用云计算技术的强大功能优化教学管理流程，实现教学资源的统一调度与分配，并提供实时的教学监控与评估功能，极大地提升了教学管理的效率与质量。以下将从这三个方面详细探讨云服务化的教学管理如何重塑教学管理格局，并推动教育现代化的进程。

（一）利用云计算技术优化教学管理流程

云服务化的教学管理首先得益于云计算技术在优化教学管理流程方面的广泛应用。云计算的分布式计算、虚拟化、按需服务等特性，为重构教学管理流程提供了坚实的技术基础。

1. 教学管理流程的自动化

云服务化的教学管理平台，通过集成自动化工具和智能算法，实现了教学管理流程的自动化。例如，课程安排、学生选课、成绩录入与查询等传统烦琐的手工操作，现在可以由系统自动完成。这不仅显著减轻了教学管理人员的工作负担，还提高了流程的准确性和效率。自动化流程还减少了人为错误的可能性，增强了教学管理的规范性。

2. 流程数据的实时更新与同步

云计算技术的实时更新与同步特性，确保了教学管理流程中数据的准确性和一致性。在云服务化的教学管理平台上，学生的选课信息、课程进度、考试成绩等数据能够实现实时更新，并自动同步至相关系统或部门。这种实时性不仅提升了数据的可用性，还为管理者提供了及时的决策支持。例如，管理者可以根据实时数据调整课程安排，以更好地满足学生的需求。

3. 流程的可视化与透明化

云服务化的教学管理平台通过可视化的界面，将教学管理流程中的各个环节直观地展示给管理者和用户。这种可视化不仅提高了流程的透明度，还增强了用户的参与感和信任度。用户可以随时查看选课进度、课程安排、成绩分布等信息，从而掌握教学管理流程的状态和结果。同时，可视化界面还为管理者提供了直观的监控工具，便于及时发现问题并予以解决。

（二）实现教学资源的统一调度与分配

云服务化的教学管理平台，通过云计算技术的分布式计算和虚拟化特性，实现了教学资源的统一调度与分配，从而提高了资源的利用率和公平性。

1. 教学资源的动态优化

云服务化的教学管理平台可以根据实际需求和资源状况，动态调整和优化教学资源的分配。例如，当某门课程的选课人数突然增加时，平台可以自动调用更多的计算资源或存储空间来满足需求。这种动态优化不仅确保了教学资源的充足供应，还避免了资源的闲置和浪费。

2. 资源的按需分配与弹性扩展

云计算的按需服务和弹性扩展特性，使得教学资源的分配更加灵活和高效。在云服务化的教学管理平台上，教学资源可以根据实际需求进行按需分配。例如，在开展大规模在线考试时，平台可以自动扩展服务器资源，以确保考试顺利进行。同时，弹性扩展特性还使得资源可以根据使用情况进行动态调整，实现了资源的最大化利用。

3. 资源的统一管理与共享

云服务化的教学管理平台通过统一的资源管理界面，实现了教学资源的集中管理和共享。管理者可以在平台上查看和管理各类教学资源，如课件、视频、试题库等。同时，平台还支持资源的共享与协作，使得不同课程、不同教师之间可以共享优质的教学资源，从而提升了教学质量和效率。

（三）提供实时的教学监控与评估功能

云服务化的教学管理平台通过云计算技术的大数据处理和分析能力，提供了实时的教学监控与评估功能，为教学质量的持续提升提供了有力的支持。

1. 实时教学数据的收集与分析

云服务化的教学管理平台可以实时收集和分析教学过程中的各类数据，如学生的学习进度、作业完成情况、课堂互动情况等。这些数据通过云计算技术的处理和分析，可以为管理者提供及时的教学反馈和决策支持。例如，当系统检测到某门课程的学生学习进度普遍滞后时，管理者可以及时调整教学策略或提供额外的辅导资源。

2.教学质量评估的智能化

云服务化的教学管理平台利用大数据分析和人工智能技术，实现了教学质量评估的智能化。平台可以根据学生的学习成绩、课堂表现、作业质量等多维度数据，对教学质量进行客观且全面的评估。这种智能化评估不仅提升了评估的准确性和效率，还能为教师提供有针对性的改进建议，从而促进教学质量的持续提升。

3.个性化的学习支持与反馈

除了对教学质量进行整体评估外，云服务化的教学管理平台还可以为学生提供个性化的学习支持与反馈。平台通过分析学生的学习数据和表现，可以为每个学生量身定制学习计划和提供学习资源，进行精准的学习指导。同时，平台还可以实时监测学生的学习进度和成效，为学生提供即时的反馈和建议，帮助他们更有效地掌握知识和技能。

云服务化的教学管理依托其强大的云计算技术，优化了教学管理流程，实现了教学资源的统一调度与分配，并提供了实时的教学监控与评估功能。这些创新不仅提高了教学管理的效率和质量，而且为教育现代化进程注入了新的活力与动力。未来，随着云计算技术的持续发展和完善，云服务化的教学管理将更加智能化和个性化，为教育事业的持续健康发展提供了坚实的支撑。

在教育数字化转型的大背景下，云服务化的教学管理无疑是一个重要的发展方向。它不仅为教学管理者带来了更为高效和便捷的管理工具，还为教师提供了更加精准和个性化的教学支持，同时为学生创造了更加丰富和高质量的学习资源以及优化的学习环境。

三、云服务化的实训基地

云服务化的实训基地作为教育信息技术与职业技能培训深度融合的产物，

正引领着实训基地建设和管理模式的深刻变革。它利用云计算技术的强大能力，构建了虚拟仿真实训环境，提供了远程实训与在线指导服务，并实现了实训资源的共享与协同利用，显著提升了实训教学的效率和质量。以下将从这三个方面详细探讨云服务化的实训基地如何重塑实训教学格局，并推动职业技能培训的创新发展。

（一）构建虚拟仿真实训环境

云服务化的实训基地通过云计算技术的分布式计算和虚拟化等特性，成功构建了高度逼真的虚拟仿真实训环境，为学生带来了安全、高效且灵活的实训体验。

1. 虚拟实训场景的真实还原

云服务化的实训基地利用虚拟现实（VR）和增强现实（AR）技术，构建了高度逼真的虚拟实训场景。这些场景不仅模拟了实际工作环境中的设备、工具和操作流程，还通过视觉、听觉、触觉等多感官反馈，使学生身临其境，仿佛置身于真实的工作场景之中。这种真实场景的还原不仅提高了学生的沉浸感和参与度，还有助于他们更好地理解和掌握职业技能。

2. 实训资源的灵活配置与扩展

云计算的虚拟化特性使得实训资源可以根据实际需求，进行灵活配置和扩展。在云服务化的实训基地，学生可以根据自己的学习进度和兴趣，自由选择不同难度和类型的实训任务。同时，系统还可以根据学生的实训表现，自动调整实训难度和资源分配，确保学生能够按照适合自己的节奏进行学习。这种灵活的资源配置不仅满足了学生的个性化学习需求，而且提高了实训资源的利用率。

3. 实训数据的实时记录与分析

云服务化的实训基地通过实时记录和分析学生的实训数据，为学生提供了个性化的学习反馈和评估。系统可以实时监测学生在实训过程中的操作行为、错误率、完成时间等关键指标，并根据这些数据为学生提供有针对性的指导和建议。这种实时反馈机制不仅有助于学生及时发现和纠正错误，而且提升了他们的学习效率与自信心。

（二）提供远程实训与在线指导服务

云服务化的实训基地利用云计算技术的网络互联和按需服务特性，打破了传统实训基地在空间和时间上的限制，为学生提供了远程实训与在线指导服务。这使得学生可以在任何时间、任何地点进行实训学习。

1. 远程实训平台的搭建

云服务化的实训基地通过搭建远程实训平台，为学生提供了便捷的远程实训服务。学生只需通过电脑、平板或手机等设备，便可连接到实训平台，进行远程实训操作。此外，平台还支持多人在线协作和实时互动，使学生可以与其他学生或教师共同完成任务，从而提高实训效果。

2. 在线指导服务的提供

云服务化的实训基地通过提供在线指导服务，确保学生能够获得实时的指导与支持。教师可以通过远程实训平台实时观看学生的实训操作，并给予及时的指导和反馈。同时，学生可以通过在线聊天、视频通话等方式，与教师进行实时沟通和交流，以解决实训过程中遇到的问题。这种在线指导服务不仅提高了学生的学习效率和质量，还增强了师生之间的互动与信任。

3. 实训成果的在线展示与评估

云服务化的实训基地还具备实训成果的在线展示与评估功能。学生可以将自己的实训成果上传至平台，与其他学生进行分享和交流。同时，教师还可以对学生的实训成果进行在线评估和打分，为学生提供客观、全面的学习反馈。这种在线展示与评估机制不仅有助于学生了解自身的学习情况，还促进了学生之间的相互学习和良性竞争。

（三）实现实训资源的共享与协同利用

云服务化的实训基地通过云计算技术的分布式存储和共享特性，实现了实训资源的共享与协同利用，从而提高了实训资源的利用率和效益。

1. 实训资源的统一管理与调度

云服务化的实训基地通过构建统一的实训资源管理平台，实现了实训资源的统一管理与调度。该平台可以对实训资源进行分类、标记和存储，便于学生和教师快速检索和使用。同时，平台还可以根据实际需求，对实训资源进行动态调度和分配，确保实训资源得到充分利用。

2. 实训资源的跨平台共享

云服务化的实训基地支持实训资源的跨平台共享。通过电脑、平板与手机等设备，学生可以访问并使用实训资源。这种跨平台共享不仅提高了实训资源的可用性，还方便了学生在不同设备上进行实训学习。

3. 实训资源的协同利用与创新

云服务化的实训基地还促进了实训资源的协同利用与创新。学生与教师可以共同开发并分享实训资源，从而构建一个丰富的实训资源库。同时，平台还支持多人在线协作和实时互动，使得学生和教师可以在共同完成任务的过程中相互学习、借鉴，进而推动实训资源的创新与发展。

云服务化的实训基地依托其强大的云计算技术，构建了虚拟仿真实训环境，提供了远程实训与在线指导服务，并实现了实训资源的共享与协同利用。这些创新不仅提升了实训教学的效率和质量，而且为职业技能培训的创新发展提供了有力的支持。未来，随着云计算技术的持续发展和完善，云服务化的实训基地将更加智能化和个性化，为学生带来更为高效、便捷、灵活的实训学习体验。

在教育信息化和职业技能培训快速发展的背景下，云服务化的实训基地无疑是一个重要的发展方向。它不仅为学生营造了一个更加安全、高效、灵活的实训环境，同时也为教师提供了更加便捷和高效的指导与管理工具。我们有理由相信，在云服务化的实训基地的推动下，职业技能培训将更加普及、高效和创新，从而为经济社会发展培养出更多高素质的技能型人才。

四、云服务化的教育大数据分析

云服务化的教育大数据分析作为信息技术与教育领域深度融合的产物，正引领着教育模式的深刻变革。它利用云计算技术的分布式计算、数据存储和分析能力，对教育领域海量、多维的学生学习数据进行收集、处理和分析，揭示学生的学习规律与存在的问题，并提供个性化的学习指导与智能评估，从而为教育的精准化、个性化和智能化发展提供了有力的支持。以下将围绕收集与分析学生的学习数据、揭示学生的学习规律与问题、提供个性化的学习指导与智能评估三个方面，详细探讨云服务化的教育大数据分析如何重塑教育格局，并推动教育质量的全面提升。

（一）收集与分析学生的学习数据

云服务化的教育大数据分析首先依赖于对学生学习数据的全面且精准的收集与分析。云计算技术的分布式计算和海量数据存储能力，使得大规模学生数据的收集与处理成为可能，这为教育大数据的深入挖掘奠定了坚实的基础。

1. 多源数据的集成与整合

云服务化的教育大数据分析平台，能够集成并整合来自多个渠道的学生数据，包括在线学习平台的学习记录、课堂互动数据、作业完成情况、考试成绩、心理测评结果等。这些数据的多源性、多维性和实时性，为全面且深入地了解学生的学习状态提供了丰富的信息源。通过数据的集成与整合，平台构建了一个统一且全面的学生数据视图，这为后续的分析与决策提供了依据。

2. 实时数据的监测与采集

云计算技术的实时性特点使得云服务化的教育大数据分析平台能够实时监测和采集学生的学习数据。无论是在线学习平台的点击行为、课堂讨论的参与情况，还是课后作业的提交与完成情况，平台都能够实时捕捉并记录下来。实时数据的监测与采集不仅有助于及时发现学生的学习问题，还能为教育决策者提供及时且准确的信息支持，从而促进教育管理的快速响应和动态调整。

3. 深度挖掘与数据分析

云服务化的教育大数据分析平台运用先进的数据分析技术和算法，对收集到的学习数据进行深度挖掘和分析。通过聚类分析、关联分析、预测分析等多种分析方法，平台能够揭示学生学习过程中的规律、趋势和存在的问题，从而为教育决策、教学改进和学习支持提供科学的依据。同时，平台还能够对学生的学习数据进行可视化展示，使得分析结果更加直观、易懂，便于教育者和学生共同理解并应用。

（二）揭示学生的学习规律与问题

云服务化的教育大数据分析通过深度挖掘学生的学习数据，能够揭示学生的学习规律与存在的问题，为教育者和学生提供有价值的信息反馈，从而促进教育质量的持续提升。

1. 学习规律的发现与总结

云服务化的教育大数据分析平台能够发现学生在学习过程中的规律，如学习时间的分布、学习内容的偏好、学习效果的差异等。通过对这些规律的分析和总结，教育者能够更全面地了解学生的学习习惯和学习特点，这为制定更合理的教学计划和教学策略提供了数据支持。同时，学生也能够通过了解自身的学习规律，调整学习方法和学习计划，以提升学习效率和学习效果。

2. 学习问题的识别与诊断

云服务化的教育大数据分析平台能够精准地识别学生在学习过程中遇到的问题，如学习动力不足、学习方法不当、学习难度不匹配等。通过对这些问题的深入分析和准确诊断，教育者能够为学生提供有针对性的学习支持和干预措施，帮助学生克服学习障碍，从而提高学习成绩。同时，该平台还能够通过数据分析与预测技术，预先识别学生潜在的学习问题，为教育决策者提供预警信息，以便及时采取预防措施，防止问题的发生。

3. 学习效果的评估与反馈

云服务化的教育大数据分析平台能够对学生的学习效果进行实时评估和反馈。通过对学生的学习数据进行分析和比较，平台能够客观且准确地评估学生的学习成绩和学习进展，为教育者和学生提供有价值的参考信息。同时，平台还能够根据评估结果，为学生量身定制个性化的学习建议和改进方案，帮助学生明确学习路径和目标，从而激发其学习动力和学习兴趣。

（三）提供个性化的学习指导与智能评估

云服务化的教育大数据分析不仅能够揭示学生的学习规律与问题，还能够为学生提供个性化的学习指导与智能评估，推动教育向精准化和个性化方向发展。

1. 个性化的学习路径规划

云服务化的教育大数据分析平台能够根据学生的学习数据和个性化需求，为学生量身定制学习路径规划。通过综合分析学生的学习能力和兴趣偏好，平台能够为学生推荐匹配的学习资源和学习任务，帮助学生构建科学的学习计划与目标。同时，平台还能够根据学生的学习进度和成效，实时动态地调整学习路径，确保学生能够按照自己的步调和需求进行有效学习。

2. 智能化的学习指导与支持

云服务化的教育大数据分析平台能够为学生提供智能化的学习指导与支持。通过分析学生的学习数据和学习表现，平台能够精准识别学生的学习难点和薄弱环节，据此为学生提供针对性的学习指导和辅导。同时，平台还能够根据学生的学习需求和兴趣特点，为学生提供个性化的学习资源和学习工具，帮助学生更深入地理解和掌握知识。此外，平台还借助智能语音助手、虚拟助教等手段，为学生提供即时的学习咨询和答疑服务，从而提升他们的学习效率和学习效果。

3. 全面的智能评估与反馈

云服务化的教育大数据分析平台能够为学生提供全面的智能评估与反馈。通过对学生的学习数据进行分析和比较，该平台能够客观且准确地评估学生的学习成绩和学习进展，并为学生提供详细的评估报告及反馈建议。这些报告和建议不仅包括了学生的学习成绩和学习表现，还包括了对学生学习能力、学习兴趣和学习风格的洞察，从而为学生提供了全面的学习画像。同时，平台还为学生提供个性化的学习建议和改进方案，指导学生明确学习方向和目标，进而提高学习成绩和提升学习效果。

云服务化的教育大数据分析依托其强大的云计算技术，实现了对学生学习数据的全面收集与分析，揭示了学生的学习规律与存在的问题，并提供了个性化的学习指导与智能评估。这些创新不仅提升了教育的精准化、个性化和智能化水平，还为教育质量的全面提升提供了有力的支持。未来，随着云计算技术的持续发展和完善，云服务化的教育大数据分析将更加深入、广泛且智能，为教育创新和人才培养提供更加强大的技术支持和保障。在教育信息化和智能化快速发展的背景下，我们有理由相信，云服务化的教育大数据分析将成为推动教育质量提升和创新发展的重要力量。

第三节　云计算在数字化转型中的关键技术

一、虚拟化技术

虚拟化技术作为云计算的核心组成部分，发挥着至关重要的作用。

（一）虚拟化技术在云计算中的应用

虚拟化技术是一种将物理硬件资源转换成逻辑资源的技术，它使得多个操作系统和应用可以在同一物理硬件上独立运行。在云计算中，虚拟化技术得到了广泛应用，为云计算的弹性、可扩展性和高效性提供了有力的支持。

1. 服务器虚拟化

服务器虚拟化是虚拟化技术在云计算中最常见的应用之一。它通过将物理服务器的计算资源划分为多个虚拟服务器，使得每个虚拟服务器都可以独立运行自己的操作系统和应用，从而实现资源的共享和高效利用。服务器虚拟化不仅提高了服务器的使用效率，还降低了硬件成本和维护费用，使得云计算服务提供商能够更加灵活地响应和满足用户的需求。

2. 存储虚拟化

存储虚拟化是一种将物理存储设备转化为逻辑存储资源的技术。存储虚拟化可以将多个存储设备整合成一个统一的存储池，从而实现存储资源的共享和集中管理。这不仅提高了存储资源的利用率，还简化了存储管理的复杂性，并降低了成本。在云计算中，存储虚拟化是实现数据存储和访问的高效性和可靠性的重要手段。

3. 网络虚拟化

网络虚拟化是一种将物理网络资源转化为逻辑网络资源的技术。网络虚拟化可以创建多个虚拟网络，每个虚拟网络都可以独立进行配置和管理。这不仅提高了网络资源的利用率，而且还增强了网络的安全性和灵活性。在云计算中，网络虚拟化是实现网络资源的高效利用和灵活配置的关键技术之一。

4. 桌面虚拟化

桌面虚拟化是将用户的桌面环境从物理计算机中独立出来，并在远程服务器上运行的技术。通过桌面虚拟化，用户可以通过任何设备访问自己的桌面环境，从而实现桌面环境的集中管理和灵活访问。这不仅提高了桌面的可用性和安全性，同时还降低了桌面管理的成本。在云计算中，桌面虚拟化是实现远程办公和移动办公的重要手段。

（二）虚拟化技术如何提升职业教育的资源利用效率

职业教育作为现代教育体系的重要组成部分，面临着资源有限、学生需求多样等挑战。虚拟化技术的应用，为提高职业教育资源利用效率提供了有力的支持。

1. 提高硬件资源的利用率

服务器虚拟化、存储虚拟化等技术可以将多个物理硬件资源整合成一个统一的资源池，实现资源的共享和高效利用。这不仅提高了硬件资源的利用率，还降低了硬件成本和维护费用。在职业教育中，虚拟化技术的应用使得多个教学系统和实验环境可以在同一物理硬件上高效运行，从而提高了硬件资源的利用率和操作的灵活性。

2. 降低软件成本

虚拟化技术可以实现软件的集中部署和管理，有效降低了软件成本。在职业教育中，虚拟化技术可以将多个教学软件和实验软件集中部署在服务器上，学生可以通过远程访问的方式使用这些软件，无须在每台计算机上进行单独安装。这种做法不仅降低了软件成本，还提高了软件的可用性和安全性。

3. 实现资源的灵活配置和动态调整

虚拟化技术可以实现资源的灵活配置和动态调整，即根据实际需求动态分配资源。在职业教育中，虚拟化技术可以根据不同课程和实验的具体需求，动态地分配计算资源、存储资源和网络资源，从而实现资源的灵活配置与高效利用。这种做法不仅可以提高教学效果，还能有效减少资源浪费。

4. 支持远程教学和移动学习

虚拟化技术可以支持远程教学和移动学习，使学生可以随时随地访问教学资源和学习环境。在职业教育中，虚拟化技术可以将教学资源、实验环境等部署在云端服务器上，学生可以通过远程访问的方式进行学习，不受时间和空间的限制。这种模式不仅提高了学习的灵活性和便捷性，还促进了教育资源的共享和开放。

（三）虚拟化技术在职业教育中的实践案例

虚拟化技术在职业教育中已经得到了广泛应用，以下是一些实践案例。

1. 云计算实验实训室建设

某高职院校利用虚拟化技术建设了云计算实验实训室，为学生提供了一个先进的云计算实验环境。通过服务器虚拟化技术，该院校将多个物理服务器整合成一个统一的资源池，实现了计算资源的共享和高效利用。同时，通过存储虚拟化技术，该院校将多个存储设备整合成一个统一的存储池，实现了存储资源的共享和集中管理。学生可以在该实验实训室中进行与云计算相关的实验和项目开发，这不仅提高了学生的实践能力，也培养了他们的创新能力。

2. 虚拟仿真实训基地建设

某高职院校利用虚拟化技术建设了虚拟仿真实训基地，为学生创造了一个逼真的实训环境。通过虚拟化技术，将实训设备、实训场景等模拟成虚拟对象，学生能够在虚拟环境中进行实训操作，从而无须依赖实体设备和真实场景。这种做法不仅降低了实训成本，还提高了安全性和灵活性。同时，虚拟仿真实训基地还可以根据实际需求进行动态调整和优化，以满足不同课程和实训项目的需求。

3.远程教学平台建设

某高职院校利用虚拟化技术建设了远程教学平台,实现了远程教学与移动学习的功能。通过虚拟化技术,将教学资源、教学软件等部署在服务器上,学生可以通过远程访问的方式进行学习。同时,远程教学平台还支持多种学习方式和交互方式,如在线讨论、在线测试等,从而提高了学习的互动性和趣味性。这不仅提高了教学效果和学习效率,还促进了教育资源的共享和开放。

4.云虚拟实训平台应用

某高职院校引入了云虚拟实训平台,为学生创造了高效、便捷且灵活的实训环境。该平台集成了虚拟化模板功能,并内置了主流的大数据、云计算和人工智能学习与开发环境。学生登录系统后,可以即时开始实训,无须等待或进行额外的环境配置。这种即时的实训体验有助于提高学生的学习兴趣和动力。同时,云虚拟实训平台还支持多种操作系统和镜像格式的上传和管理,满足了多样化的实训需求。学生可以在该平台上进行课程设计所需的实验、开发和研究工作,从而提高了自身的实践能力和技术应用能力。

虚拟化技术在云计算中的应用为职业教育资源利用效率的提升提供了有力的支持。它通过提高硬件资源的利用率、降低软件成本、实现资源的灵活配置和动态调整,以及支持远程教学和移动学习等多种方式,为职业教育的创新发展提供了有力的保障。未来,随着虚拟化技术的持续发展和完善,它在职业教育中将发挥更加重要的作用,并为教育事业的繁荣发展贡献更多的力量。

二、数据存储与管理技术

云计算作为信息技术领域的一股革新力量,正在深刻改变数据存储与管理的方式。随着大数据时代的到来,职业教育也面临着数据存储与管理方面的诸多挑战。以下将从云计算中的数据存储与管理机制、职业教育中数据存储与管理面临的挑战、数据存储与管理技术在职业教育中的实践策略三个方面进行详细描述。

（一）云计算中的数据存储与管理机制

云计算中的数据存储与管理机制是实现数据高效利用和管理的关键。该机制主要包括分布式存储系统、数据管理技术和数据安全性保障等三个方面。

1. 分布式存储系统

在云计算中，数据存储通常采用分布式存储系统，旨在提高数据的可靠性和可扩展性。分布式存储系统将数据划分为多个部分，并将其存储于不同的物理服务器上。这种存储方式不仅提高了数据的可用性，同时也降低了单点故障的风险。

①文件存储技术：文件存储技术是一种基于文件系统的存储方式，其工作原理类似于传统的本地文件系统。该技术提供了文件访问和管理接口，方便用户进行数据的读取和写入。在云计算中，文件存储技术广泛应用于存储非结构化数据，如文档、图片和视频等。

②块存储技术：块存储技术是将数据划分为固定大小的块，并通过存储区域网络（SAN）将这些块存储在独立的存储设备上。块存储可以提供更细粒度的存储管理，并支持高效的数据访问。它适用于那些需要高性能和低延迟的应用场景，如数据库和在线交易系统等。

③对象存储技术：对象存储技术是将数据存储为对象，并为每个对象分配一个唯一的标识符。这种技术提供了高度可扩展的存储能力，并且支持强大的元数据管理功能。它适用于存储大量非结构化数据，如备份、归档和多媒体内容等。

2. 数据管理技术

数据管理技术是指对云计算中的数据进行组织、存储、查询和分析等操作的技术。云计算中的数据管理技术需要解决数据一致性、数据安全和数据备份与恢复等挑战。

①数据一致性：由于云计算中的数据存储分布在多个服务器上，因此确保数据一致性成为一项重要的任务。数据管理技术需要提供一致的读写操作，以确保数据的准确性和可靠性。这通常通过分布式事务和一致性协议等来实现。

②数据安全：在云计算中，数据的存储和传输必须确保安全。数据管理技术需要提供加密、访问控制、身份验证等安全机制，以防止数据泄露和未经授权的访问，从而保护数据的机密性、完整性和可用性。

③数据备份与恢复：云计算中的数据需要定期进行备份，并在发生故障或灾难时能够快速恢复。数据管理技术需要提供高效且可靠的备份和恢复功能，以确保数据的持久性和可用性。这通常通过冗余存储、备份策略和灾难恢复计划来实现。

3. 数据安全性保障

数据安全性是云计算中用户和企业最为关注的问题之一。为了保障数据的安全性，云计算中的数据存储与管理技术需要采取一系列的安全措施。

①数据加密：数据加密是保护数据机密性的重要手段。云计算中的数据存储与管理技术需要对敏感数据进行加密处理，以确保数据在存储和传输过程中的安全性。

②访问控制：访问控制是限制对数据的访问权限，以防止未经授权的访问和数据泄露。云计算中的数据存储与管理技术需要提供细粒度的访问控制机制，如基于角色的访问控制和基于属性的访问控制。

③身份验证与授权：身份验证是确认用户身份的过程，而授权则是决定用户权限的过程。云计算中的数据存储与管理技术需要采用强密码、多因素身份认证等机制，以保障用户访问数据的安全性。

（二）职业教育中数据存储与管理面临的挑战

职业教育作为现代教育体系的重要组成部分，面临着数据存储与管理方面的诸多挑战。这些挑战主要来自数据量的快速增长、数据类型的多样性、数据共享与隐私保护的需求，以及数据存储与管理技术的更新迭代等方面。

1. 数据量的快速增长

随着信息化和数字化进程的推进，职业教育中产生的数据量快速增长。这些数据包括学生信息、教学资源、科研成果等，涵盖了结构化数据、半结构化数据和非结构化数据等多种类型。数据量的快速增长对数据存储与管理提出了更高的要求，需要采用高效的数据存储与管理技术来应对这一挑战。

2. 数据类型的多样性

职业教育中产生的数据类型多样，包括文本、图片、视频、音频等。这些数据类型具有不同的特点和存储需求，需要采用不同的存储和管理策略。例如，文本数据可以采用关系型数据库进行存储和管理，而对于图片和视频等非结构化数据，则需要采用对象存储或文件存储等技术进行存储和管理。

3. 数据共享与隐私保护的需求

在职业教育中，实现数据共享对于提高数据利用率和促进学术合作至关重要。然而，数据共享也带来了隐私保护的问题。如何平衡数据共享的需求和隐私保护之间的问题，已成为职业教育中数据存储与管理所面临的一个重要挑战。

4. 数据存储与管理技术的更新迭代

随着技术的持续发展，数据存储与管理技术也在不断地更新迭代。职业教育中需要紧跟技术发展潮流，采用先进的数据存储与管理技术来提高数据存储效率和数据安全性。然而，技术的更新迭代为职业教育中数据存储与管理带来了新的挑战，这就要求相关人员持续学习和掌握新的技术知识。

（三）数据存储与管理技术在职业教育中的实践策略

针对职业教育中数据存储与管理所面临的挑战，可以采取以下实践策略来提高数据存储效率和保障数据安全性。

1. 采用分布式存储系统

针对职业教育中数据量的快速增长和数据类型的多样性，可以采用分布式存储系统来提高数据存储效率。分布式存储系统将数据划分为多个部分，并将其存储在不同的物理服务器上，提高了数据的可靠性和可扩展性。同时，分布式存储系统还可以根据数据类型和需求，灵活运用多种存储策略，如文件存储、块存储和对象存储等。

2. 建立数据共享平台

为了实现数据共享和提高数据利用率，可以建立数据共享平台。该平台应具备数据上传、下载、查询和分析等功能，方便用户进行数据共享和合作。同时，数据共享平台还可以采用数据脱敏和匿名化等技术来保护数据的隐私与保障数据的安全性。

3. 加强数据安全管理

为了保障数据的安全性，需要加强数据安全管理。首先，需要建立完善的数据备份与恢复机制，以防止数据丢失或损坏。其次，需要采用强密码、多因素身份认证等机制来保障用户访问数据的安全性。最后，还需要对敏感数据进行加密处理，以确保数据在存储和传输过程中的安全。

4. 采用先进的数据存储与管理技术

随着数字技术的持续发展，采用先进的数据存储与管理技术对于提高数据存储效率和数据安全性至关重要。例如，可以采用基于云计算的数据存储与管理技术，将数据存储于云端服务器，从而实现数据的集中管理和高效利用。同时，还可以采用大数据技术和人工智能技术来提高数据的分析和处理能力。

5. 加强数据人才培养

为了实现数据存储与管理技术的有效应用，需要加强数据人才培养。职业教育中可以开设相关课程和培训项目，以培养学生的数据存储与管理技能及数据分析能力。同时，还可以与企业合作开展实习和实训项目，让学生在实际操作中掌握数据存储与管理技术的应用。

6. 完善数据治理体系

为了保障数据存储与管理的规范性及有效性，需要完善数据治理体系。数据治理体系包括数据质量管理、数据安全管理、数据标准管理等方面。完善数据治理体系，可以确保数据的准确性、可靠性和安全性，进而提高数据存储与管理的效率及成效。

云计算中的数据存储与管理技术是实现数据高效利用和管理的重要手段。在职业教育领域，面临数据存储与管理的诸多挑战，需要采用分布式存储系统、建立数据共享平台、加强数据安全管理、采用先进的数据存储与管理技术、加强数据人才培养和完善数据治理体系等实践策略，来提高数据存储效率和数据安全性。未来，随着技术的持续发展和应用的深入推广，相信数据存储与管理技术在职业教育中将发挥更加重要的作用。

三、数据安全与隐私保护技术

云计算作为信息技术领域的革命性力量,正在深刻改变数据存储、处理和应用的方式。然而,随着云计算的广泛应用,数据安全与隐私保护问题也日益凸显。以下将从云计算中的数据安全与隐私保护需求、职业教育中数据安全与隐私保护的现状与问题、数据安全与隐私保护技术在职业教育中的实践应用三个方面进行详细描述。

(一)云计算中的数据安全与隐私保护需求

云计算作为一种新兴的计算模式,具有高效、灵活、可扩展等优势,能够提供大规模、高可靠性的数据存储和计算服务。然而,云计算的不确定性和开放性特征也给数据安全与隐私保护带来了巨大的挑战。以下是云计算中数据安全与隐私保护的主要需求:

1. 数据泄露风险防控

云计算能存储和处理大规模数据,但一旦数据泄露,将会对个人、企业或国家的利益造成严重的损害。因此,云计算中的数据安全与隐私保护的需求之一是防控数据泄露的风险。这要求采取先进的数据加密技术,对数据进行加密存储和传输,以确保数据在传输和存储过程中的安全性。

2. 云服务提供商的安全隐患管理

云服务提供商在管理、维护、运营等方面存在诸多的安全隐患,这些隐患可能导致用户数据的泄露。因此,需要加强对云服务提供商的安全管理,建立完善的安全管理体系,强化内部管理、员工培训以及监督机制,以降低数据泄露的风险。

3. 数据丢失风险防范

由于云计算环境的复杂性,数据在存储、处理、传输过程中可能会出现丢失的风险。因此,防范数据丢失风险成为云计算中数据安全与隐私保护的需求之一。这包括建立完善的数据备份与恢复机制,确保在数据遭受攻击或意外丢失的情况下能够迅速恢复。

4. 法律法规合规性保障

由于不同国家对数据安全与隐私保护的法律法规不尽相同，企业或个人在云计算应用过程中可能会面临合规风险。因此，保障法律法规的合规性成为云计算中数据安全与隐私保护的一项重要需求。这包括加强对相关法律法规的宣传和执行，以确保企业或个人在使用云计算服务时能够合法合规。

（二）职业教育中数据安全与隐私保护的现状与问题

职业教育作为现代教育体系的重要组成部分，随着信息化和数字化的发展，其产生的数据量快速增长，数据安全与隐私保护问题也日益突出。以下是职业教育中数据安全与隐私保护的现状与问题：

1. 学生信息泄露风险

职业教育中涉及大量的学生信息，包括个人信息、学习成绩、家庭背景等敏感数据。然而，由于数据安全防护措施的不足，学生信息泄露的风险相对较高。一些不法分子利用技术手段或管理漏洞，非法获取学生信息，进行诈骗、敲诈等违法活动。

2. 教学数据保护不足

职业教育中产生的教学数据包括教学资源、科研成果、教学计划等关键信息。这些数据对于保障教学质量和提升科研水平至关重要。然而，目前的数据保护措施尚不充分，导致教学数据容易遭受非法访问或篡改，这不仅可能会降低教学质量，还可能导致科研成果的泄露。

3. 数据共享与隐私保护矛盾

职业教育中需要实现数据共享，以提高数据利用率和促进学术合作。然而，数据共享与隐私保护之间存在一定的矛盾。如何在保障数据共享的同时，有效保护个人隐私和数据安全，成为职业教育中数据安全与隐私保护的重要挑战。

4. 数据安全意识薄弱

职业教育中师生对数据安全的重视程度不够，普遍缺乏数据安全意识。一些师生在使用云计算服务时，未采取必要的安全措施，如使用弱密码、未开启加密功能等，这些行为无形中增加了数据泄露的风险。

（三）数据安全与隐私保护技术在职业教育中的实践应用

针对职业教育中数据安全与隐私保护的现状与问题，可以采取一系列的数据安全与隐私保护技术，以提高数据安全性，保障师生隐私。以下是数据安全与隐私保护技术在职业教育中的实践应用：

1. 数据加密技术

数据加密技术是保护数据安全的重要手段。在职业教育中，应用数据加密技术对敏感数据进行加密存储和传输是必要的。例如，使用先进的加密算法，对学生个人信息、教学资源等敏感数据进行加密处理，从而确保数据在传输和存储过程中的安全性。

2. 访问控制技术

访问控制技术是限制对数据的访问权限，旨在防止未授权访问和数据泄露。在职业教育中，采用访问控制技术，可以对学生信息、教学资源等数据进行访问控制。例如，通过设置不同的访问权限，限制用户对数据的访问范围，确保只有具备相应权限的用户才能访问敏感数据。

3. 数据备份与恢复技术

数据备份与恢复技术是防范数据丢失风险的重要手段。在职业教育中，可以采用数据备份与恢复技术，对重要数据进行定期备份，以便在数据丢失或损坏时能及时恢复。例如，通过建立数据备份中心，定期将重要数据备份到备份中心，以确保数据的可靠性和可用性。

4. 身份认证与授权技术

身份认证与授权技术是用于验证用户身份并授权用户访问数据的重要手段。在职业教育中，可以采用身份认证与授权技术，对师生进行身份认证和授权管理。例如，通过使用强密码和多因素身份认证等技术手段，对师生进行身份认证，确保只有合法用户才能访问系统。同时，可以设置不同的角色和权限，对不同用户进行精细化的授权管理，确保用户仅能访问权限范围内的数据。

5. 数据脱敏与匿名化技术

数据脱敏与匿名化技术是保护个人隐私的重要手段。在职业教育中，可以采用数据脱敏与匿名化技术，对敏感数据进行处理，从而有效保护个人隐私。例如，使用数据脱敏技术，对学生个人信息中的敏感字段进行脱敏处理，如将手机号码替换为虚拟号码、将真实姓名替换为化名等。同时，可以使用数据匿名化技术，对数据中包含的个人标识信息进行匿名化处理，如将学生的学号替换为随机生成的匿名标识。

6. 加强数据安全意识教育

加强数据安全意识教育是保障数据安全的重要措施。在职业教育中，可以加强数据安全意识教育，以提高师生对数据安全的重视程度。例如，通过开展数据安全教育课程、举办讲座等活动，向师生普及数据安全知识和技能。同时，定期组织数据安全演练和应急响应训练，以提高师生应对数据安全事件的能力。

7. 完善数据安全管理制度

完善数据安全管理制度是数据安全的重要保障。在职业教育中，可以完善数据安全管理制度，以规范数据安全管理和操作行为。例如，制定详尽的数据安全管理制度和操作规程，明确数据安全管理的职责和要求。同时，建立数据安全检查与监督机制，定期对数据安全管理和操作行为进行检查和监督，以确保数据安全管理制度的有效实施。

云计算中的数据安全与隐私保护技术是保障数据安全和个人隐私的重要手段。在职业教育中，面临数据安全与隐私保护的挑战，需要采取一系列的数据安全与隐私保护技术来提高数据安全性，保障师生的隐私。未来，随着技术的持续发展和应用范围的不断扩大，数据安全与隐私保护技术必将在职业教育中发挥更加重要的作用。同时，加强数据安全意识教育和完善数据安全管理制度也至关重要，二者共同构建数据安全与隐私保护的坚实屏障。

四、云计算平台构建与运维技术

随着信息技术的飞速发展，云计算作为一种新型的计算模式，正在深刻地改变着 IT 资源的获取、管理和使用方式。云计算平台作为实现云计算的基础，其构建与运维技术成为确保平台高效、稳定、安全运行的关键。在职业教育中，云计算平台的构建与运维技术不仅为教学提供了丰富的资源和支持环境，还为学生提供了实践机会，从而促进了学生技能的提升。以下将从云计算平台的构建原则与流程、职业教育中云计算平台的运维管理以及云计算平台构建与运维技术在职业教育中的实践案例三个方面进行详细描述。

（一）云计算平台的构建原则与流程

云计算平台的构建是一个复杂且系统的过程，它需要遵循特定的原则，并按照既定的流程实施。以下是云计算平台构建的主要原则与流程：

1. 构建原则

①功能原则：云计算平台应具备计算、存储、网络、安全等基本功能，以满足用户的多样化需求。这些功能应具有可扩展性，以应对未来业务的发展需求。例如，云计算平台应支持多种应用场景，包括大数据处理、实时通信、科学计算等。

②性能原则：云计算平台应具备高性能，包括计算、存储和网络等方面的性能。云计算平台的性能决定了其处理任务的能力和效率，例如，云计算平台应采用高速网络和分布式架构，以提高数据的传输速度和处理能力。

③安全原则：云计算平台应具备高度的安全性，包括数据安全、应用安全、网络安全等方面。云计算平台需要保证用户数据的安全，并防范各种网络攻击和应用漏洞。例如，云计算平台应采用加密技术保护用户数据，同时建立完善的安全管理体系，以确保系统的安全稳定运行。

④管理原则：云计算平台应具备高效的管理能力，包括监控、故障处理、计费等方面。云计算平台的管理能力决定了其运营的稳定性和效率，例如，云计算平台应提供全面的监控功能，以便及时地发现和解决系统故障，同时实现

自动化计费功能，以提高运营效率。

2. 构建流程

①需求分析：首先需要对云计算平台的需求进行详细的分析，这包括但不限于用户数量、应用类型、数据量、性能要求等方面，这将有助于确定云计算平台的规模和配置需求。

②架构设计：根据需求分析的结果，设计云计算平台的架构。这包括确定云计算平台的类型（如 IaaS、PaaS、SaaS）、选择虚拟化技术、设计网络架构等多个方面。

③硬件选型与配置：选择适合云计算平台需求的硬件设备，如服务器、存储设备、网络设备等，并进行相应的配置和安装工作。

④软件安装与配置：在硬件设备上安装和配置云计算平台所需的软件，如虚拟化软件、操作系统、数据库等。

⑤系统测试与优化：对云计算平台进行全面测试，以确保其达到设计要求。根据测试结果，对系统进行优化，以提高性能和稳定性。

⑥部署与上线：将云计算平台部署到生产环境中，并进行上线前的测试。一旦测试顺利通过，平台即可正式投入运营。

⑦运维与管理：云计算平台上线后，需要进行持续的运维与管理工作，这包括但不限于监控、维护、升级等，以确保平台的稳定运行。

（二）职业教育中云计算平台的运维管理

在职业教育中，云计算平台的运维管理对于保障平台的稳定性和安全性至关重要。以下是职业教育中云计算平台运维管理的主要内容：

1. 硬件设备管理

硬件设备的选择和管理是云计算平台运维管理的基础。学校应选择具有良好口碑和技术支持的硬件设备供应商，并确保设备的更新与维护。同时，应采取适当的措施来保护设备的安全，如设置安全密码、限制访问权限等。

2. 软件运维

软件运维是保障云计算平台正常运行的重要环节。学校应定期对软件进行检查和升级，以维护软件的安全性和功能的完善性。同时，学校应建立专业的软件运维团队，负责软件的安装、配置和故障排除等工作。此外，还应制定软件的使用规范，以防止不必要的软件安装和使用。

3. 数据备份与恢复

数据备份与恢复是防止数据丢失和实现灾难恢复的重要措施。学校应定期对云计算平台上的数据进行备份，并选择合适的备份存储方式和设备。同时，备份数据应保存在不同的地点，以降低突发事件对数据的影响。

4. 安全管理

安全管理是云计算平台运维管理的重点之一。学校应采取有效的安全措施来保护云计算平台的数据和用户隐私。例如，通过加密数据传输、设置强密码、限制未授权访问以及建立防火墙等措施，可以有效地抵御黑客和恶意软件的攻击。同时，应定期进行安全性评估，以便及时修补安全漏洞。

5. 故障处理

故障处理是云计算平台运维管理中不可避免的一个环节。学校应建立故障报告和处理流程，以便及时响应并解决故障。同时，应参考所使用的云计算平台提供商的文档和技术支持，以便快速有效地解决故障。此外，还应对故障进行深入分析和总结，以方便日后的故障预防和处理工作。

6. 用户管理

用户管理是保障云计算平台安全和稳定的重要环节。学校应建立完善的用户注册和认证制度，以验证用户身份的合法性和可靠性。同时，学校还应对用户进行权限管理，限制不同用户的访问权限，防止非法操作和恶意破坏。

（三）云计算平台构建与运维技术在职业教育中的实践案例

以下是云计算平台构建与运维技术在职业教育中的实践案例，展示了云计算平台在职业教育中的实际应用及其效果。

1. 某高职院校云计算实训平台

为了提升学生的云计算技能，某高职院校构建了云计算实训平台。该平台采用了虚拟化技术，实现了计算资源的动态分配与管理。学生可以在该平台上进行云计算相关课程的实践操作,如虚拟机创建、云存储管理、云应用开发等。通过这些实训活动,学生不仅掌握了云计算的理论知识,还提高了实际操作能力。

在运维管理方面,学校建立了专门的运维团队,负责平台的日常维护和故障处理工作。同时,学校还制定了详细的安全管理制度,确保平台的数据安全和保障用户的隐私。此外,学校还定期对平台进行备份和恢复测试,以防止数据丢失和进行灾难恢复。

2. 某高职院校云计算教学资源平台

某高职院校构建了云计算教学资源平台,该平台为教师提供了丰富的教学资源和便捷的教学工具。平台支持多种教学模式,如在线授课、远程实训、虚拟实验室等。教师可以通过平台发布教学资源、布置和批改作业等,学生可以在平台上进行学习、互动交流和讨论。

在运维管理方面,学校采用了自动化运维工具,以实现对平台的实时监控和故障预警。同时,学校还建立了完善的数据备份和恢复机制,确保了平台数据的安全性和稳定性。此外,学校还定期对平台进行安全评估和漏洞修复工作,以提高平台的安全性。

3. 某高职院校云计算科研平台

某高职院校构建了云计算科研平台,为科研人员提供了强大的计算和存储资源。该平台支持大数据处理、机器学习、人工智能等前沿技术的研究和应用。科研人员可以利用该平台进行科研项目的实验和验证,从而提高了科研工作的效率和水平。

在运维管理方面,学校采用了智能化的运维管理系统,实现了对平台的自动化管理和监控。同时,学校还建立了完善的数据安全管理体系,确保了科研数据的安全性和保密性。此外,学校还定期对平台进行优化和升级,以提高平台的性能和稳定性。

云计算平台构建与运维技术在职业教育中发挥着重要作用。通过构建功能完善、性能高效且安全可靠的云计算平台,学校可以为师生提供丰富的资源和安全的学习与工作环境，从而促进教学和科研水平的提升。同时，通过加强云计算平台的运维管理，学校可以确保平台的稳定运行和数据安全，为师生提供良好的使用体验。未来，随着云计算技术的持续发展和应用范围的不断扩大，云计算平台构建与运维技术在职业教育中必将发挥更加重要的作用。

五、总结与展望

云计算技术在职业教育数字化转型中展现出了巨大的应用价值和实践成果，但也面临着一些挑战和存在一定的问题。未来，随着云计算技术的持续发展和完善，其在教育领域中的应用前景将更加广阔，对教育的未来发展将产生更加深远的影响。职业院校应积极应对面临的挑战和存在的问题，推动云计算技术与教育教学的深度融合和创新发展，以期为培养更多高素质的技术技能型人才做出更大的贡献。

参考文献

［1］唐兴通.数字化战略：领先下一轮增长[M].北京：中国人民大学出版社，2023.

［2］李韬，李睿深，冯贺霞，等.数字转型与治理变革[M].北京：北京师范大学出版社，2022.

［3］陆峰.数字化转型与治理方法论[M].北京：人民邮电出版社，2022.

［4］李洋.产业数字化转型精要：方法与实践[M].北京：人民邮电出版社，2022.

［5］张燕飞.数字化转型：重塑业务流程管理[M].北京：中国铁道出版社，2022.

［6］崔立标.数字化转型指南：新商业的思维、方法和工具[M].北京：人民邮电出版社，2020.

［7］信息社会50人论坛.数字化转型中的中国[M].北京：电子工业出版社，2020.

［8］TalkingData.数据科学实战指南[M].北京：电子工业出版社，2019.

［9］周志平.媒体融合背景下数字内容产业创新发展研究[M].杭州：浙江工商大学出版社，2015.

［10］郜书锴.数字未来：媒介融合与报业发展[M].北京：人民日报出版社，2013.